Pork Delicacy, Taiwan Limited

Pork Delicacy, Taiwan Limited

台灣豬，黑白切

Pork Delicacy, Taiwan Limited

日以繼夜的庶民美食

傅士玲——著

Ema Fu

dala food 011

台灣豬，黑白切

日以繼夜的庶民美食

攝影、作者：傅士玲 Ema Fu
主編：洪雅雯
插畫：游明益
部分圖片提供：洪雅雯、洪至聖、林元芬
校對：溫金梅、金文蕙
行銷企劃：陳秉揚
美術設計：楊啟巽工作室
內文排版：邱美春
總編輯：黃健和

出版：大辣出版股份有限公司
台北市105022南京東路四段25號12樓
www.dalapub.com
Tel: (02)2718-2698 Fax: (02) 8712-3897
service@dalapub.com

發行：大塊文化出版股份有限公司
台北市105022南京東路四段25號11樓
www.locuspublishing.com
Tel: (02)8712-3898 Fax: (02)8712-3897
讀者服務專線：0800-00689
郵撥帳號：18955675
戶名：大塊文化出版股份有限公司
locus@locuspublishing.com

法律顧問：董安丹律師、顧慕堯律師
台灣地區總經銷：大和書報圖書股份有限公司
地址：新北市新莊區五工五路2號
Tel: (02)8990-2588 Fax: (02)2290-1658
製版：瑞豐實業股份有限公司
初版一刷：2023年9月
初版三刷：2024年4月
定價：450元
ISBN：978-626-97470-4-7

推薦序

用胃與腦愛台灣

文—沈方正（老爺酒店集團執行長）

在我的認知中「黑白切」是台灣小吃中看似最簡單，實則最困難的活兒，北部米粉湯麵攤的清燙白切流的豬肉，各部位的前處理、分類烹煮都有細功夫，要老經驗，要能堅持，早上開攤的一定要半夜黎明即起，選用溫體豬肉是好吃的唯一選擇。

在台灣有兩種事情討論起來會是大家有主見但人人有意見的，而這兩個重要主題就是「政治」與「小吃」，談起「政治」藍綠紅白各有立場，說起「小吃」南北東西各有支持，在我看來這兩樣都是聊起來很容易有意見，但其實很難深入了解窺其堂奧。

從小就因為媽媽能煮、爸爸好吃，所以三天兩頭家中宴客，也週週各地尋覓美食。由於地緣關係，從幼稚園、小學年代就在龍山寺對面的鐵棚下，以及西門町周邊混吃混喝，養成了我一直以來熱愛在台灣各地尋找小吃的習慣。從事飯店行業多年，不熟識的朋友會以為我下班都在找好餐廳吃飯，但其實我人都在小吃攤啦！

台灣的小吃有它獨特的地域趣味特性，肉圓、炕肉飯很彰化，水蛙湯很雲林，白醋涼麵、雞肉飯很嘉義，蔥油餅、餛飩湯很基隆，意麵很南投，肉羹很宜蘭……點名數下去真的是細數不完。

小吃的區域特色跟物產有關、跟族群有關、跟氣候有關、跟生活工作有關，它除了是庶民的生活日常之外，也是各地特色的寫照，如果食客們只是到處追逐知名小吃，花個幾百塊撐飽肚皮與手機那就真的太可惜了，往往花了錢浪費了時間而吃不出門道真滋味，愛台灣從好好了解小吃背後的故事，也許是最寫意浪漫的方法。

本書作者傅士玲明顯就是一位行家，在我的認知中「黑白切」是台灣小吃中看似最簡單、實則最困難的活兒，北部米粉湯麵攤的清燙白切流的豬肉，各部位的前處理、分類烹煮都有細功夫，要老經驗，要能堅持，早上開攤的一定要半夜黎明即起，選用溫體豬肉是好吃的唯一選擇。所以，如果你住在美國，很抱歉再八百年也不會吃到美食級的黑白切。

但如果我們往南部走又是另一方光景，香腸熟肉流的黑白切攤子上，動輒數十種溫體肉類加工品與蔬食，主理人必須有辦桌大主廚的手藝與極為勤奮的精神，因為各項物料的準備及加工要比北部花更多時間料理，蟳丸、香腸、糯米腸、粉腸、豬肝切起來花一、兩百元即可獲得米其林般享受，配個冰台啤更是絕佳「餐酒搭配」（Pairing）！

懂麵線、肉圓、臭豆腐、乾麵、四神湯、雞捲等等，不算台式小吃行家，過黑白切這一關才是門檻，基於現代生活的快速與食材工業化處理的趨勢，保留精采的黑白切文化越來越難，早起晚做的重勞動吃力工作也不容易找到年輕輩繼承，作者不辭辛苦四處採集用心研究，讓好學好吃者又多了好途徑，以胃跟腦來愛台灣。

讀者們真的要俯首聽命按圖索驥，快快買了書再整裝出發，真期待我們在台灣的某處小攤上驚喜偶遇，尋找大家心目中台灣小吃的真命天子，體驗職人技藝烹調出的感動。

沈方正

老爺酒店集團執行長。秉持著服務熱忱，投身旅館業已有超過三十年的時間。自1993年服務於知本老爺酒店起，即致力推展台灣服務產業優質的休閒旅遊文化。目前帶領老爺酒店集團海內外共十四間飯店，努力成為「華人的服務專家」。

自序

美哉，台灣豬黑白切

一九六〇年代沒有黑白切這個名詞。第一次聽到黑白切是研究所畢業兩年後進入出版界。北漂台北的同事下班經常結伴用餐，有一回他們忽然向我提出邀請，「要不要一起吃晚飯？」我問吃什麼，大眼睛的漂亮台東女孩說，「就黑白切囉！」看我滿臉問號，她接著解釋，就是隨便切一些小菜的那種店，有滷肉飯、陽春麵、乾麵什麼的。

喔，就是台灣最傳統的小吃，供應主食、小菜、燙青菜、湯，平價隨意，有錢沒錢都能飽餐一頓。這類型小吃店，在台南稱飯桌仔，嘉義叫滷熟肉，從早餐賣到下午。在台南如果主打早餐場，主食除了白飯，還會有地瓜稀飯、白稀飯、鹹粥或肉粥。菜式可比街頭巷尾的自助餐便當店，魚肉、醬菜、涼拌菜、炒菜樣樣有，雖是外食，卻有在家吃飯的親切感。

可是，飯桌仔不是自助餐，飯桌仔和香腸熟肉或滷熟肉也不完全相同。但這個問題，恐怕出了台南就不成問題。台南人的飯桌仔往往有大量魚鮮，天天不重樣，以熱炒、熱湯為主。香腸熟肉比較像點心，涼菜居多，雖是小菜卻有一些手工菜，如蟳丸（嘉義稱蟳糕）、米糕、大腸米、三色蛋、蝦捲、肉捲或雞捲。黑白切很顯然是另一個門類。但這三大門類的餐點形式，都不能用隨意吃、任意切籠統形容了事。

飲食是很個人的事，吃到喜歡的開心得不得了，忍不住跟好朋友分享，這是情感交流，作為社交密碼意思是「咱是自己人，好康相報」。有時在應酬場合遇到美食家，難免對桌上的菜餚一番品評，說著說著就天南地北牽扯起各地方各種飲食，有些人貢獻個人體驗，有些人貢獻鑑賞力，這是文化交流。

美食美不美，多半的時候都是文化交流。你愛蘿蔔他愛青菜，蘿蔔豈能和青菜相提並論？當然不。我愛小吃你愛大餐，小吃也不能與大餐用同一標準衡量。所以，好好吃，用心吃，懷著感激的心情吃，別辜負犧牲自我來滋養人類的各種食物。

人的喜好受限於生命經驗，好吃的東西吃多了、吃膩了自然不稀罕。肚子不餓的時候和飢腸轆轆相比，攝食的生理動力如果遠大於心理安慰，眼前的食物自動化身為美人貂蟬，否則很容易淪為雞肋。

唯一例外，是每個人藏在魂魄深處那些個最愛。有一次在香港工作了五、六個小時，累垮了，但吃喝一天下來肚子一點也不餓，卻非吃九記牛腩不可。困難重重徒步跋涉到九記，等了一會兒占到位子，終於嚐到日思夜想的咖哩牛腩，閃電般唆完，撐啊，肚皮繃得緊緊的，差點使不上力氣站不起身。臨走依依還外帶了三碗牛腩，要隔天拎回台北繼續吃。

那一次，我明白了一件事：自己覺得最好吃的東西，再不餓也能吃得下，它和甜點一樣，有專屬的另外一個胃。至於什麼東西值得裝進那個胃，都是一眼萬年執念不悔的食物。初戀那位未必最好，但你沒見過不懂。我見過，我知道就好。最美好最難忘的，都個別而私密。

年輕時處於攝食至上階段，是這麼想。有點年歲後，卻開始惶惶不安於好多常民飲食因為製作辛苦，後繼無人而紛紛退場，即將要消失在我那個一眼萬年的胃袋裡。

特別是黑白切。按傳統製程，它品項繁多必須分門別類處理，光是清洗少則兩小

運來

時，多則三、四個鐘頭，又油又腥，得穿著雨鞋、防水圍裙，摸黑起早，搶在豬肉與內臟還不需要進冰箱冷藏前，新鮮現煮。

會下廚的都知道，包子餃子的肉餡要當日鮮肉，冰凍解凍後的肉做成內餡就是不好吃，無法多汁爆漿。黑白切更是最考驗豬肉與內臟鮮度的小菜，尤其內臟。我常覺得黑白切小店的主食，其實是消食的配菜；米粉湯、米苔目、滷肉飯、切仔麵……如果沒有了黑白切，那頓飯必黯淡無光，即使吃了主食也沒吃飽的感覺。

也不是有豬的國度都有好吃的黑白切，只有離鄉去國多年的人知道，台灣豬滋味無窮好，鮮甜香腴，每個部位都能做出上品菜色，即使只是一小勺豬油或豬油渣，也能讓人心滿意足吃光一鍋飯。

以黑白切將整頭豬百分之百完食，實乃我輩不負此生相遇的至情真愛。

工序繁瑣且繁重，黑白切是遠遠
被低估的美食。（台北賣麵炎）

CONTENTS

楔子

媚俗有理，黑白切萬歲

每個台灣人的生命故事裡，都有一頁深刻的黑白切歷史。從小吃到老的那幾家，最是意難忘。每吃一回便滿心惆悵。許多老店職人垂垂老矣，很多找不到接班人，好滋味一眨眼就成雲煙。

黑白切三字實在低估了這類小吃。它僅僅可以用來形容顧客對店家手藝的無比信任與死忠託付，「隨意切」、「都好啦」，甚至「你做主我放心」。

切莫拿這三字描述店家供應的小菜，因為沒有任何一樣是隨便做的，也沒有任何一樣隨便就能做得出來。而且它來自數不清的職人日夜守著崗位，從產地到灶台，摸黑起早耗盡體力堅忍不移。

黑白切大量崛起與台灣經濟發展相依相隨。一九六〇年代初期，還寥寥可數，如今街頭巷尾轉角處處可見。許多老店職人儼然台灣非物質文化遺產。他們不是專業廚師，卻是台灣人生命的守護天使，天天端出的豬肉菜餚，平庸通俗卻滋味非凡，貴冑與庶民人人平等都享受得到，無人不愛。

人生中的黑白切初體驗是小學四年級，在林森北路靠近中山北路的小巷內。彼時這一帶全是日式平房，每一戶都有前後大院子也都近百坪。兩個同學在此毗鄰而居，院內林木扶疏，榕樹枝葉茂密濃蔭延伸至圍牆外，牆邊一個手推小攤，賣著米粉湯、油豆腐，以及豬大腸。湯鍋裡就這幾樣，下午放學時分出攤，米粉與小菜俱清雅鮮醇。不蘸醬油膏直接將大腸泡入米粉湯中，連湯帶米粉一大口吃下，滋味精緻勝過其他小吃。

是個黑白切尚未蔚為台灣小吃顯學的年頭。那附近鄰近晴光市場，市場與學校周邊常見魚丸湯、油粿、肉羹、豬血湯、大腸麵線，黑白切米粉湯只唯獨一攤。在條通區域內，小吃是點心，不求豐盛飽足，一攤一味，量少質精。

那時黑白切只伴隨米粉湯，滷味必追隨切仔麵或滷肉飯，皆固定幾樣品項極少。過了數年，搬家到東門町，永康公園門口再見黑白切米粉湯。攤車小菜繁多，充分反映台灣經濟榮景。台北市區地理與社會經濟文化特色，映照出一條永康街的大度包容，米粉湯、魷魚羹、擔仔麵、越南河粉、牛肉麵、陽春麵、福州麵、鍋燒烏龍麵、小籠包、蟹殼黃、三寶飯、廣東粥……雲集成世界小吃博覽會，天天開張不打烊。

當時沒有黑白切三字名號，但已擁有鮮明的獨立地位，大家都知道它是各種豬肉與內臟小菜，沒有花俏的烹製手法，無繁複調味。若要說它沒學問卻萬萬不可。因為從畜養到端上桌惹人垂涎，它的天成美味得利於無數職人經年苦熬的真功夫。

首先，是牧場養豬職人的真功夫。一九六〇年代，台灣鄉下幾乎家家戶戶養豬。小時候寒暑假回嘉義太保祖父家，不僅常態養著兩、三頭豬，還有耕田的牛，一大雞舍的雞、鴨、鵝，還有自來自去的貓、狗和松鼠。牛是家人，雞、鴨、鵝負責下蛋和成為拜拜的牲禮，豬則與我們人類共同經營著地方食物鏈的頂端與底端機制。吃橘子時，大人會牽著我的手走到豬圈內，一邊剝皮給豬兒們，一邊剝橘瓣給我。家裡的豬都養很久，因為從不是養來吃的。祖父家有堆肥坑，廚餘都倒到那裡去，剩菜殘羹則交給豬兒們。通常壽終之際才會成為交易商品。

養豬規模再擴大些，那就成了家庭副業，作為副業還毋須盤算飼料進銷存，但若將規格升高成家庭事業，便是另一番局面。殘羹剩菜不夠養出健碩的豬，要努力於稻田間作物，種蕃薯、玉米、大豆等供食給牠們，若規模再擴大，就得安排開銷採買糧食餵養。

農村生計看天吃飯，但不表示農牧人家不需要好的數學能力。祖父曾經說，每次收成，要先根據家口計算需要貯存多少稻穀，為了下一季菜蔬，要預先採收多少量的菜籽，有多餘的才拿出去販售。家口不只人類，三合院裡住著的豬、牛、雞、鴨、鵝、貓、狗都算數。

仔豬誕生之後，養到離乳就也離開母豬，今生兩不相見。仔豬到青春期前是一個成長階段，需要的養分與之後進入成熟期不同。專業牧場為了養出好豬，除了斤斤計較豬隻體重，對飼料、養育時間也錙銖必較。豬是聰明的動物，會識人辨聲，和毛小孩沒兩樣，只是非常非常膽小，很容易受驚嚇，對環境不論聲響、溫度、濕度、通風，甚至擁擠嘈雜都相當敏感。然而牠們溫和，雜食不挑剔，這對於需要肉食的人類來說，不啻莫大優點。只要給予的飼料衛生營養，再確保環境安好，豬很快就會長大長壯。

平均大約一八〇天豬隻就該離開牧場，但有些豬長得快又大，有些吃得多長得少，這時候要留要走就看牧場定奪。離開牧場前，為免豬兒暈車、嘔吐，要禁水、禁食，這一餓短則十二個鐘頭，長則二十四小時。豬認得誰是餵食者、誰是載豬人，見到餵食者靠近，牠們開心不已屁顛屁顛連忙奔過去。看到載豬人，大夥兒立刻不約而同進入全員警戒狀態，往最遠的那處角落，擠成一團狀似木頭動也不動，藉此隱藏自己健美身姿躲避抓捕。

豬不但聰明，也有社會與政治意識，有領導者有叛亂者，有沉迷遊戲者，也有愛打架的混混。動物世界相似度極高，參觀牧場看見粉嫩渾圓的小豬百般天真，又見到成年豬隻耍狠打鬥，有的好脾氣、有的壞性子，種種樣態皆令人莞爾。自誕生落地，凡物誰不是從天真演變成心機重重，繼而步向衰敗空亡？差別只在時間。

時間到了，被抓捕揀選上的豬，魚貫走上貨卡。載豬貨卡是個大鐵籠，有些只有圍欄，有些加蓋遮陽棚，但多數簡陋，難求豪華是因為每一趟卸貨後，都要大肆裡裡外外刷洗乾淨，半點異味也不許殘存。載豬到拍賣場，貨卡奔馳，豬隻早已意識到此去命運無力回天，個個靜默無聲，只在小小寶島的清晨，縱橫要道上飄散一縷縷屬於自己的氣息。

載豬貨卡，大家應該不陌生，沒見過豬走路的人，也會在此生不經意見識過一兩回豬車呼嘯而去的畫面，那飄散氣息是辨識度很高，也很有記憶點的味道。

到達拍賣場，牠們大致上餓到全身乏力，趕豬職人不得不手執棍棒輔助，引導牠們行進。有些豬兒不堪空腹奔波，又飽受拍賣場嚴肅明快的氣氛驚嚇，一出場就猝死。為免牧場損失，拍賣場要當下放血處理，萬不可等豬斷氣被強制拖出場銷毀。

每個牧場有自己的代碼與編號，每隻豬也是。居間為肉商與養豬人做經銷工作的叫抓豬人，他們總能一眼看出星光大道走秀的豬肉質好壞。不論體態肥瘦大小毛色品種，每一隻上場的豬都有賣家以不同理由下標。正所謂天下沒有賣不掉的豬，但也沒有賣不掉的價錢。好豬人人搶著要，走路時肌肉緊實，肚腩不東搖西晃，再則，體重也是關鍵指標，足斤足兩成熟的豬，肥膘厚，其瘦肉和臟器也會因高脂肪吃起來柔嫩香腴。

拍豬與抓豬的過程難以周全，也有常為人詬病又一時之間難以克服的難題。溫體豬與冷凍豬孰好是個各說各話的命題。但若針對黑白切，溫體豬與冷凍豬的確有別。

拍賣結束，載豬人再次將豬趕上貨卡，奔往指定的電宰場。進了電宰場，便展開一刻不停歇的搶鮮大作戰。大體上，午間完成拍賣，送進電宰場再運往大盤肉商攤位進行分切，已經是午夜時分。所有盤商要不間斷揮刀趕在清晨一、兩點開始陸續分送給下游買家。

這下游買家包括菜市場肉販及主攻早餐場次的黑白切店家。事實上，做下午場或消夜場的商家，也必須在午前先料理好肉品與內臟。在普通上班族好夢正酣的當頭，有一大群人在夜幕掩映下揮汗備食。

黑白切貌似煮熟而已，其實學問很深。是分門別類煮熟，還是一大鍋混著煮，煮多久？煮全熟？半熟？七、八分熟？各店家有自己的獨到心法。消費者會用自己的腳進行良心票選。好吃的黑白切近午就如數售盡，特別是搶手的部位如頭骨肉、嘴邊肉、腰子、豬心。

黑白切這個稱呼屬於濁水溪以北，南台灣稱這類小菜叫魯熟肉或香腸熟肉，大體形式類似，但魯熟肉與香腸熟肉工序更繁複，更近似精緻開胃菜。

台灣豬有多好，嚐嚐黑白切便知。明明出自同一口大湯鍋，何以每一種部位與臟器滋味變化如此美妙複雜?!最簡單的烹調，最搞工的烹煮講究，成就最豐厚的美味，也是嚐遍各種繁複滋味後，口腹最嚮往的療癒之物。

好吃的東西不在於要加什麼，而往往取決於不應該加什麼。黑白切的減法美學，也正好映照出台灣人性情中的直白素樸與恬淡純真。

這般通俗美食，這般魅惑人心。得來不易媚俗有理，但願台灣豬黑白切萬歲萬萬歲，子子孫孫永保用。

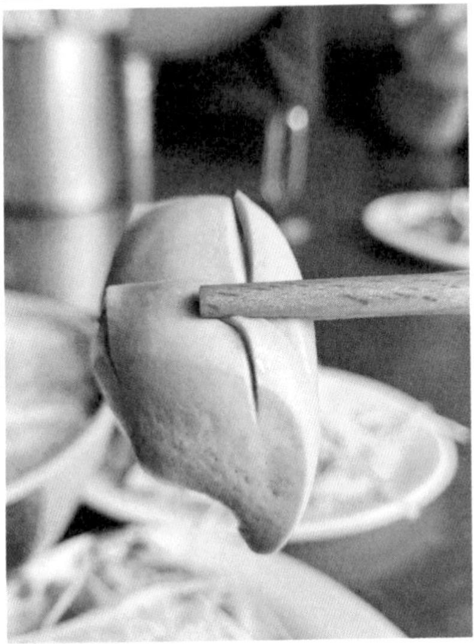

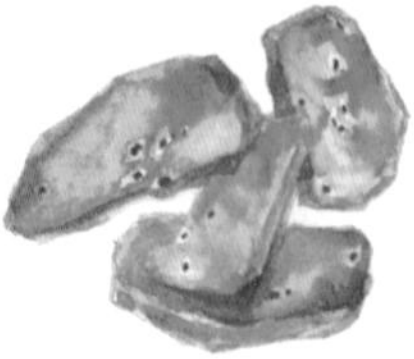

豬肺

豬肝

腰花

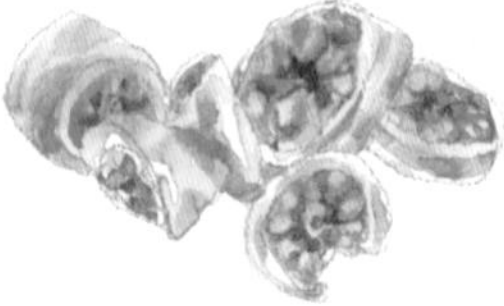

豬尾

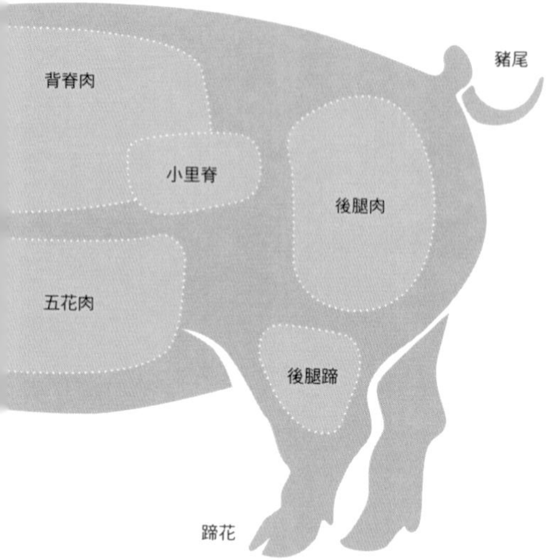

生腸

生腸頭

小肚

豬肚

粉腸

一隻豬的獻禮

軟管

豬心

管頭

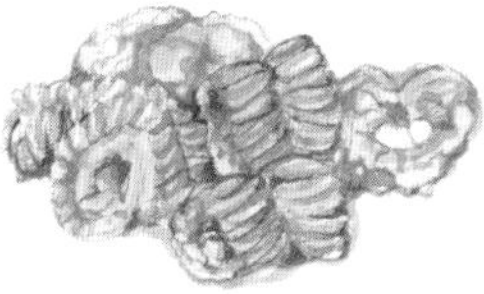

天梯

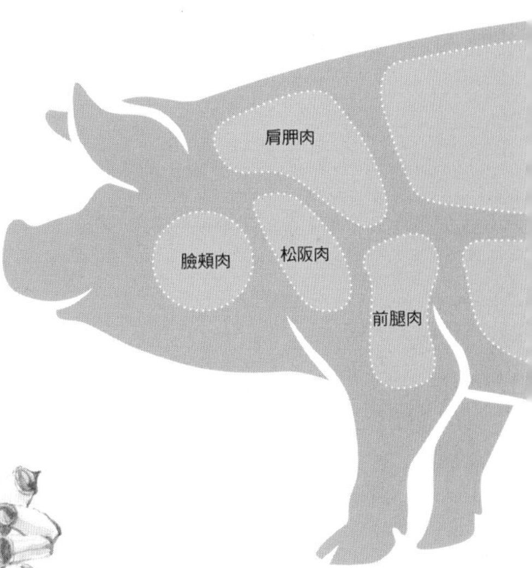

脆管

肝連

Part 1

一隻豬的獻禮

從頭到尾

初戀心頭好——頭骨肉

世上沒有兩盤頭骨肉是一模一樣的，
能吃到什麼靠運氣。
這使得吃頭骨肉充滿獵奇的驚喜。

天光在毛玻璃上滑出三角形的斜邊。不一會兒像被撕開的撒隆巴斯，落地窗從底邊往上唰的一掀，剎時透亮，但日頭不在陽台上，在擔頭那口冒著白煙的鍋裡，咕嘟咕嘟召喚著。

麵攤老闆今天依然沒出現。老闆娘站在鍋前，左手撫著背上小嬰兒，右手湯勺不停攪動一大鍋子高湯，繃著臉癟著嘴，法令紋順著嘴角一路垂掛到下巴。腳邊水桶旁蹲著五歲的小兒子，紅通通的小手泡在水裡和韭菜、豆芽菜攪和在一起。小男孩張大五指，雙手左三圈右三圈划著水，切得和豆芽菜一樣長的韭菜不斷浮上水面，他用手掌拍打韭菜。水花濺起來噴在臉上，他下意識用手臂抹了抹臉頰和眼睛，把韭菜和豆芽菜也撒了一地。專注盯著高湯的老闆娘渾然不覺，根本沒發現小兒子究竟是在洗菜還是在玩菜。

清晨五點就出攤開始燉煮高湯，這是每天熬出頭鍋大骨湯必須付出的代價。付出代價的還有愛吃鬼，不只是為了喝頭鍋湯，還是為了搶到那個稀有的頭骨肉。

從未見過鍋裡撈出一個大豬頭。大豬頭肯定早被切割分塊面目全非。總是看到老闆娘聚精會神撈攪著一塊又一塊我看不太懂的肉。後來才學會，老闆娘推薦給我的那個好吃的肉叫肝連。它和我熟悉的五花肉很不一樣，但同樣好吃。

十歲左右，從晴光市場附近搬到東門市場附近，頭一次吃到這一攤福州陽春麵。它就擺在巷口，從陽台上就能看見。我和妹妹有時候就站在陽台上喊，「賣麵的，我要吃麻醬麵、肝連、豆乾、餛飩、福州魚丸加蛋包湯！」做好的麵點，麵攤老闆娘用木頭大托盤一碗一樣擺著，湯匙筷子一應俱全，端到家門口貨到付款。我們吃完後把碗筷擺放家門口，店家收攤前會自行收回。

不是因為那時候我和妹妹年紀小，才能有這等人性化的外送服務。這種庶民外燴在當時很普及，附近鄰居都享用過。陽台點餐通常是寒暑假才上演的戲碼。爸媽很忙，留我和妹妹在家，早餐時間永康街還沒擺攤，如果不想走出門去東門市場，就是靠這攤福州麵提供營養。真的夠營養。肉湯煮小餛飩加福州魚丸加蛋包，配炸醬麵或麻醬麵，切一盤小腸和肝連，把兩個國小女生養得很滋潤且身心靈俱健康。

一九七〇年代時東門市場周邊都是政府官舍，這一帶的食物和晴光市場非常不一樣，除了福州陽春麵，還有沙茶口味的陽春麵、噴香紅辣的牛肉麵。東門市場正門右邊一條又窄又黑的小巷子裡，靠近巷口是撞球店，以前叫彈子房，往裡面走一點才有一種小吃店賣著米粉湯。這裡的米粉湯和晴光市場那一頭的不一樣。除了米粉粗細不同，東門市場的米粉湯放很多豬油，晴光市場的味道比較清淡並且會撒上芹菜珠兒。

東門町住家巷口的福州麵攤主食是豬油乾麵、麻醬麵和炸醬麵。這是我人生第一次

最上乘的頭骨肉有筋膜也有瘦
肉，完整相連，不是斷筋碎肉。
（台南水仙宮米糕）

認識麻醬麵與炸醬麵兩款麵食。像破殼的小鴨子把第一個打照面的臉認作媽媽，我對這兩款麵食也莫名有了這種「銘印」（imprint）效應。從此往後以為世上炸醬麵和麻醬麵必須長這個模樣，而且吃起來應該是這種味道。就算不是，我也私心深信不移，這家麵攤的口味最棒。

晴光市場的米粉湯擔子只在傍晚的時候才出來，賣的東西也簡簡單單，小菜只有油豆腐、白蘿蔔、大腸。搬到東門市場這邊來，我本以為只有賣米粉湯的才會賣大腸，沒想到福州麵攤也供應這樣東西，而且，福州麵攤的湯鍋裡還能不停不停的撈出各式各樣豬身上的肉，最特別的是豬的牙齦肉。我以為牙齦肉已經夠特別了，特別處就在於清晰可辨的形狀讓我歷經半世紀依舊始終不敢嘗試。沒想到，居然還有另外一種東西比牙齦肉更特別，最特別的是，我根本吃不到，只能眼巴巴望著藏在小玻璃櫃一角的那一小盤東西。問過，好幾次老闆娘都支吾含糊，被問急了，她就熱情大發推薦我來一盤豬皮或小肚。

那到底是什麼呀？老闆娘只告訴我，要預訂才能吃。

但我永遠預訂不到，因為她總是說已經有人先訂走了。有數次故意在攤子上面逗留很久，先點一碗麻醬麵，吃完再點一碗餛飩湯，把餛飩撈起來吃光了，再加點一顆荷包蛋加福州魚丸，福州魚丸特別燙，我更有理由慢慢吃，就是要看到底是誰搶走了我想吃的那盤始終錯過的心頭肉。

終於有一天訂肉的人出現了。沒想到那個披頭散髮的女人一坐下來還沒開口說話，老闆娘滿臉殷勤堆笑直接拿出那盤肉放在那女人前面，說這是我特別給你留的。那女人這才熱情的回應著，噢，對我這麼好，謝謝啦！真不好意思……她倆笑著越笑越大聲，我的眼睛也越瞪越大。

從十一歲到三十七歲，整整二十七年都沒能成功的搶到那盤肉，不管賴在攤子多久，吃光多少肝連、豆干、海帶。人就是這樣，越得不到就越發癲狂不可理喻，非以為那才是自己的真愛。

祖籍福州的老闆一開始偶爾是會出現的。他是真正的主廚，老闆娘和孩子們是助手，負責洗碗洗菜，連小菜都切不到。老闆娘除了洗碗洗菜，還幫老闆生了七、八個小孩，個個都來過攤上幫忙。老闆娘背上那個小嬰兒剛出生沒多久，就聽說老闆回福州探親。老闆探親很多次，每一次去的時間越來越長，回台灣的時間越來越短，終於短得化成了一個句點。老闆娘臉上的笑容越來越少，終於也少得化成了一個句點。

一直都不明白為什麼那位披頭散髮的女人上門吃麵，竟會讓老闆娘用法令紋把嘴角重新拉成了上弦月。那女人都是近午才起床，天天熬夜也嗜吃消夜，每次都興致高昂向老闆娘簡報前一晚的戰績，說是南征北討不為過，經常計程車一招就奔往基隆，頗令人嘆為觀止。

我比較感興趣的始終是那盤謎一樣的東西。

然而，由於東門市場一直到金華女中，方圓百里的周邊遍布各種口味南北中西的好吃食，以至於我竟沒有稍微認真的去解開那盤肉的謎。上了國中後，永康公園門口前空地來了一攤米粉湯，但遍尋不著我的心頭肉。永康街米粉湯甚是好吃，清鮮甘美，走的是晴光市場的風格，米粉粗細適中，有芹菜珠兒提香。可惜某日被某大報用一整版篇幅介紹之後，整個永康街攤市水準從此一落千丈，跟店租形成斷層式反比。當在地人逐漸摒棄在地小吃的同時，這裡成了觀光勝地，外人不知道的是我們居民的苦，巷弄奔竄的鼠輩個頭比貓大，大家紛紛另覓良居。

後來我才終於吃到心頭肉。是會開車也有了車之後，擁有覓食的最大自主權，看到哪裡有好料無人可擋。石碇老店「八分寮頭骨肉小吃店」直接就把我的心頭肉寫上招牌，後來第三代孫兒接棒索性把店名改為「頭骨肉老店」，更為簡單明瞭，堂而皇之暗示著「絕無限量」。

啊，原來如此。它集合了豬頭骨裡外好東西，炕高湯後功成身退被一一剝下，對於識貨的人來說，量少珍貴。一小份頭骨肉裡吃得到各種口感的肌肉纖維，有少許臉頰肉的殘餘筋膜連接著少許豬舌繫帶，還有豬頭肉剩餘的軟骨和膠質，也或許還有殘存的牙齦肉……總之，解釋起來頗複雜，吃進嘴裡百滋千味很享受。

美妙的是，這世上沒有兩盤頭骨肉是一模一樣的，能吃到什麼靠運氣。這使得吃頭骨肉充滿獵奇的驚喜。

我也終於搞懂了一件事，想吃它，要往老的社區裡鑽，那些窗明几淨時髦的店，

最常見的頭骨肉多半帶著部分軟骨組織，不同於骨仔肉可能涵蓋了其他部分豬骨剔下的組織。（台北永樂米苔目）

該不是嫌它賣相醜吧?!的確，都是手剁碎肉塊，夾雜著軟骨筋膜膠質，不識者看來一團亂，識者寶貝如珍饈。現在只要能見到它，非買個三、四盤囤貨，趁鮮吃掉一盤，留兩盤煮苦瓜、菜頭、芥菜或萵苣筍湯，有時拿來和埔里小香菇熬鹹粥，軟骨和筋膜會變得更軟爛，清鮮迷人得很。

基隆正濱漁港前有一米苔目工坊，是米苔目供應廠，老闆自己也經營小吃店，米苔目湯頭清鮮，黑白切應有盡有。它家的頭骨肉量大，老闆往往還會熱情奉送豬眼睛，「要不要切開？」啊，我幾乎忘了，頭骨肉也可能包含豬眼睛，但將筋膜剔除得越乾淨的頭骨肉，才能降低我的排斥感，那個眼睛……不論是黑鮪還是豬元帥的，我願意禮讓知味者慢用。

頭骨肉要怎樣才算好吃？這要從它的來源細究起。除了規模較大的小吃店，一般攤商頂多買進一顆豬頭，取豬舌、耳朵、鼻管、臉頰肉，與剩餘的頭骨入鍋煉製高湯後，撈起頭骨盡可能剔淨餘肉，那些餘肉就是所謂的頭骨肉。

據我觀察，福州麵攤會在熬好頭一鍋高湯後先撈起頭骨剔肉，想來應該是這時的餘肉軟嫩中還帶有彈牙口感，如果再繼續熬煮恐怕餘肉鬆散化入湯汁於無形，到時候連累湯色渾濁。福州陽春麵湯色清逸，有別於其他類型的陽春麵，也不放油蔥酥這種香濃的配角，維持湯色清澈味濃應該是ＳＯＰ。

頭骨肉雖是心頭所愛，但要有堪與匹配的主食才會產生一加一大於二的最高美味效應。石碇頭骨肉老店的主食是切仔麵，沒有小片白切肉，有一聞便知的豬油煉製濃香油蔥酥，與福州麵的視覺清寡形成對比。

東門町巷口麵攤早不知去向，僅存的愛國東路福州麵攤也因都更搬離，福州系統

粗獷的頭骨肉包含豬眼睛、眼眶周邊組織，甚至帶有少量豬牙齦。（基隆米苔目工坊）

的傻瓜連鎖麵店以乾拌麵為主打主食，不供應黑白切。現在對我而言，懷著惜物感激之心，反正頭骨肉勝過一切，管它配米粉湯、米苔目、炒米粉、滷肉飯……只要煮得軟嫩彈牙便好。

正如我不敢嘗試牙齦肉（天梯、齒岸），相信不敢吃頭骨肉的也大有人在。美食如人飲水，自信一點，喜歡就好。

賞味處

・石碇頭骨肉老店

地址：223新北市石碇區靜安路一段20號
營業時間：週二、三、四、六 08:00-19:30，週五、日08:00-16:00，週一休
電話：0970-262-267

・涼州街米粉湯（無名涼麵）

地址：103台北市大同區涼州街1-5號
營業時間：06:00-14:00，週一休
電話：0953-860-928

・水仙宮米糕

地址：700台南市中西區民權路三段44號
營業時間：16:00-00:30，每月不固定休三日
電話：06-220-2407

・永樂米苔目

地址：103台北市大同區民樂街111號
營業時間：07:00-16:00
電話：02-2553-2020

・米苔目工坊

地址：202基隆市中正區中正路666號
營業時間：04:00-14:00

臉頰肉的美味天花板

用ＣＰ值丈量黑白切和米粉湯很失準。
米粉要好吃靠的是高湯，高湯要美味靠的是食材新鮮，
豬肉、豬雜要新鮮靠的是搶時間。
若按照傳統作法，米粉湯的價值無從估量，
ＣＰ值破表也就沒有ＣＰ值可丈量。

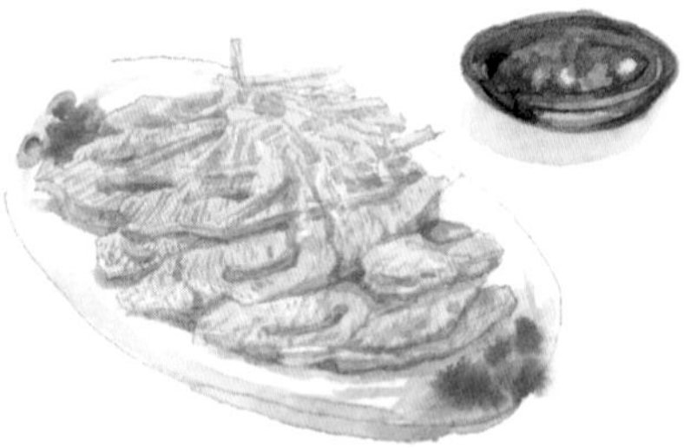

如果沒有識途老饕指路，路過這條街廓凌亂歪斜的短巷，必然一心只想快步通過。這條巷子不僅外觀朽舊，路面還極其不平整。巷角三個攤子，一個鯊魚煙，一個滷肉飯，一個米粉湯。

鯊魚煙的擔子約莫只有半張榻榻米大，專做外賣，表情動作皆酷到不行的老闆頗懂精省作業流程，事先將魚肉、魚雜、魚卵分切裝盒，一概均價，只問客人要綜合或單點，以盒裝袋，完全是現代管理學風範。滷肉飯門前擺著小推車，望過去一片漆黑不見底，不做早餐生意，所以我無從結緣。

米粉湯卻澈底發展成另一番景象。從清晨五、六點出攤直到下午近一點左右，接二連三大排長龍。攤邊放著三張折疊桌，其中兩張併在一起，地面凹凸不平的隨興擺著，客人落座後得自己謹慎調整好鐵圓凳的平穩度，有時候必須將就地勢求坐得踏實，不得已讓身體遠離桌面些，但從無人提出抗議。地上崎嶇偶有積水，絡繹不絕的客人也不以為忤。

這一帶舊名大橋頭柴寮仔，是以前生產柴薪的集散地。

攤子十分簡陋，然而攤頭掌勺的是個漂亮女孩阿如。她是接手外婆、母親、阿姨的第三代，曾被一位熟客相中延攬到銀行界工作，後來因為攤上生意太忙，她毅然拋棄金飯碗回家拿起湯勺、菜刀。

大排長龍原因很複雜。首先，這裡堪稱黑白切總匯，東西樣式豐富，而且太便宜又太好吃了。鮮嫩的豬腰和臉頰肉是一開市就會立刻售完的頭牌，豬皮是幾乎人人都點的實惠美容聖品。

其次，攤頭掌勺的阿如洋溢青春氣息，眉清目秀個性溫婉，絕對是全台灣罕見的米粉湯美景。再其次，東西分量實在無可挑剔。

在舉國上下高舉ＣＰ值大旗的台灣，在這家小攤子提ＣＰ值實在傷感情。

她家用的米粉湯碗大如小尺寸拉麵碗，米粉多而湯少，這是舉世米粉湯的鐵律：湯不夠任你加到滿意為止，而且加湯的時候難免還會再多給小半勺米粉。且不說滿滿一大碗，這米粉是粗的，純米製成，阿如說要煮透得小火慢熬兩小時，粗米粉吸飽高湯滑溜滑溜又不軟爛。很多ＯＬ小姐一大早來買早餐，一碗米粉湯加一塊油豆腐，不到五十元足足可分兩餐。

米粉好吃靠的是高湯，高湯美味靠的是食材新鮮，豬肉豬雜要新鮮靠的是搶時間。若按照傳統作法，米粉湯的價值無從估量，ＣＰ值破表也就沒有ＣＰ值可丈量。

這裡的臉頰肉不費牙口，軟嫩間還保留筋性Ｑ彈，卻絕不塞牙。跟負責烹煮的阿嬤

成本最高、最受老饕青睞的臉頰肉，由瘦肉與筋交纏成美麗的花紋，俗稱菊花肉。（台北涼州街米粉湯）

混熟了，她會告訴你，臉頰肉有兩半，一半靠近豬鼻子，另一半靠近耳朵，「一頭嫩，一頭Q。」臉頰肉就是嘴邊肉，由於筋肉紋路如花也稱菊花肉，是黑白切小菜裡頭成本最高的部位，但要煮透軟嫩又彈牙，就要顧著火候。

多數黑白切都是將豬雜全數同鍋烹煮，但阿嬤堅持各煮各的，因為滋味不同，肉質不同，需要的火候更不同。攤子上幾乎看不見阿嬤的身影，但她是米粉攤最早上班的員工，夜半摸黑，接過分切商送到的肉品就開始分門別類煮到上午十點還繼續煮著。

光是食材保鮮度，就足以讓講求ＣＰ值的消費者良心不安。從豬隻拍賣到屠宰分送批發市場做細部分切，整個過程超過十個小時。豬隻屠宰場大部分集中在中台灣，因為靠近最大的飼養集散地，所以屠宰後屠體得南來北往分送，奔馳於高速公路。光是運送這一環節，往往平均耗時五、六個小時。

台灣人信仰溫體肉，雖然大多數人家買到豬肉時早已不那麼溫體。溫體肉是不是比較好吃？肉販和商家都會說，如果掌握最快時間下鍋烹煮，確實美味。柴寮仔米粉湯用的永遠都是屠宰場進了分切供應商後直送的食材，熟門熟路的饕客應該都是想品嚐這樣分秒必爭搶時間煮好的肉，他們也天天用自己的腳投下忠誠不二的一票。

阿嬤在涼州街這裡原本擺攤賣涼麵，但涼麵到了秋冬生意相對清淡，於是開始兼賣起米粉湯。米粉湯卻四季常紅，後來居上。尤其早餐生意忙得團團轉，阿嬤和母親、阿姨都撩下來，最後第三代的阿如也親情贊助。

米粉湯是主食，燉煮高湯底的豬骨、豬肉、豬雜、豬皮是配菜。清秀可人的阿如代替母親站在攤頭舀米粉、切配菜，冬天蒸氣熏騰還好受，夏季汗流成河她卻毫無怨言。負責送豬肉豬雜的供應商阿源天天看著阿如，不多久就把她娶回家了。

一回和這對壁人相約下午茶。坐在餐廳裡享用下午茶的年輕夫妻打扮時尚，兩人都天生細皮嫩肉，不知所以的外人應該會認為這是一對養尊處優的富二代。阿源輕聲叨唸著，「客人打電話來預定，就是想開車過來拿了就走，你不要等人家到了才開始燙肉切菜嘛。」

阿如淡淡笑著，「我就是希望人家拿到的菜都是熱的，事先切好就不那麼好吃……」

年輕人各有設想，聽起來都沒有對錯。一邊拌嘴一邊討論著，兩年後攤址都更，得另覓店頭。阿源說，可以找個店面，窗明几淨，讓做生意的時間延長到晚餐。阿如也憧憬著，店裡可以賣處理好汆燙過的豬雜材料包，「有些熟客會在過年時來預訂煮透的豬肚、大腸回家做料理！」

到攤頭吃米粉湯、黑白切，從不敢肖想能跟阿如多講兩句話，因為她實在非常忙，忙著切肉舀湯，也因為我實在也非常忙，忙著吃米粉啖肉，雙方各有必須專心一志的目標。我也常常吃得很緊張，因為後面排隊的客人越來越多。

客人越來越多是好事吧。不。阿如說，賣完為止，頂多賣到下午一點左右。所謂賣完為止，意思就是跟時鐘怎麼走半點都沒有關係。

譬如腰只，不分年節寒暑幾乎一開市就搶光光。攤頭的肉品都是阿如的豬肉大盤老公阿源供應，一條龍選物輸送。宰體夜間十二點送抵環南市場，阿源開始操刀分切，至清晨六點完工送到。

阿嬤一收到肉品就開工，清洗、汆燙、燉煮，馬不停蹄展開標準作業流程。阿嬤專攻清洗，豬肚大小腸翻轉除油洗淨，不同內臟烹煮的時間各異，清晨上場的媽媽和阿姨在後場盯火候，阿如在店頭大鍋煮米粉，生意忙起來，後場要隨時多炕一大鍋備著。

炎炎夏日依舊人龍不減，店家與顧客雙雙爆汗如瀑，就是美味的鐵證。

賞味處

・涼州街米粉湯（無名涼麵）

地址：103台北市大同區涼州街1-5號

營業時間：06:00-14:00，週一休

電話：0953-860-928

初次見面，我是豬雪花

我是豬雪花，不是豬五花，也不是豬油喔。
我的別名也叫天梯，很多人都應該認識這個名字啦，
不然也可能聽過我的台語名字「齒岸」。
我長得磁白又婀娜有緻，偏偏很多人怕我。
怕就可惜了，會錯過很多的膠原蛋白，
以及近似軟骨的奇妙口感。

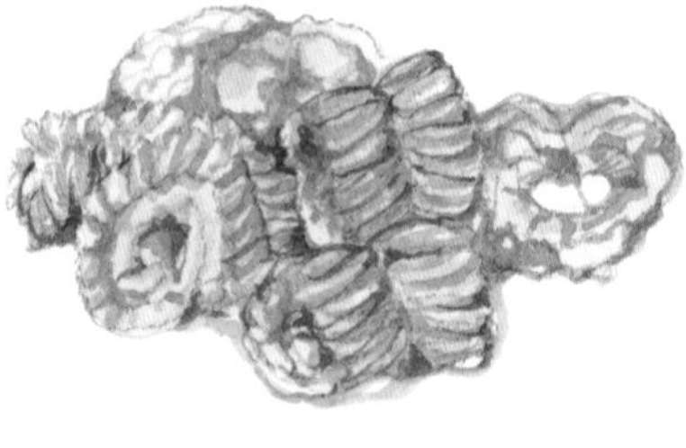

其實很小的時候就遇見了豬雪花，在東門町老家巷口的福州麵攤上。它和我總是吃不到的頭骨肉一起貯放在小小的木頭玻璃櫃裡，一小碟，貌似刻花的軟絲。有一次妹妹好奇問老闆娘，不問還好，知道後根本對它沒了胃口，往後不論它叫什麼別名，我們完全不敢嘗試。

敢叫雪花，想必白皙過人。未必。福州麵攤的豬雪花不很白，是象牙色，而且是偏黃的老象牙。正是直接讓人聯想到它和豬牙齒的緊密關係，妹妹和我都覺得光是看到它的模樣就興味索然。有一回妹妹的好友大力推薦，「真的！真的很好吃！」沒想到堅固友誼與多年信任感都難以突破妹妹的心防。

不能怪我們。這個時候它還沒有任何好聽的花名，直白的生理結構名稱真的叫人倒抽好幾口氣。

經過不知道多少年，忽然在某一家麵店菜單上看到另一個東西「天梯」，下意識就問老闆。「噢，就是豬牙齦啊……」老闆附加一句，「就是齒岸呀！」依舊繼續埋首煮麵，頭都懶得抬，語氣不耐，彷彿在我發問之前已經被問了千百遍。再次聽到這個生理結構名稱，依舊倒抽了好幾口氣。那三個字簡直是邪教妖術的咒語。

又經過不知道多少年，在用餐氣氛歡欣輕鬆自在豪邁的阿進切仔麵，這個生理結構名稱又現身了。這一天不知怎地我決定要好好了解一下它，原因是，擔頭玻璃櫃裡乳白色的豬雪花，一朵朵擺放成一堆又一堆，「原來這麼多人在吃它……」我直覺給出說服自己的動機，那麼多人在吃，表示它應該是好吃的，而且保證新鮮。

毅然決定不蘸醬夾起一塊豬雪花送入嘴裡，嗯，不完全像煮透的軟骨那麼糯，咬起來也不是氣管軟骨那種脆，是介於兩者之間自成一類，說不上來怎麼描述，總覺得它的質地和煠軟絲有點像；拿去冒充軟絲，不知情的人匆匆下肚說不定不曉得是冒牌貨，因為連外型都有那麼點類似。如果蘸醬又加薑絲入口，可能也會因此忽略了它沒有軟絲的鮮味。

按生理結構來說，豬雪花應該是上顎肉，而非局部的牙齦而已。它的成分是膠質和軟骨素，吃起來也確實有著類似軟骨但稍微韌一點點的口感。軟骨什麼味道，豬雪花就是什麼味道。北部小吃店罕見豬雪花，但南部幾乎是店頭常客。這也代表南部人比較能接受各式各樣的豬雜，一視同仁看待不同部位的內臟。

說到底，不都是各種肌肉組織和膠質以不同比例組合而成。再說到底，所有肌肉，不管是氣管的平滑肌，心臟肌肉與骨骼肌肉的橫紋肌，都是蛋白質，都是胺基酸，都是鮮味的來源，也都應該是美味的。至於軟骨，不管是呼吸道的透明軟骨，還是耳廓的彈

豬雪花是上顎肉，由膠質與軟骨素組成，煮軟一點口感近似花枝，不黏不糯，相當清爽。（台南芳仔香腸熟肉）

性軟骨，或是附著在骨骼上，如椎間盤和膝關節的纖維軟骨，百分之九十的成分都是膠原蛋白，感覺可以讓皮囊澎潤光滑、咕溜咕溜。

對現代人來說，多數已非為了療飢而吃。吃這件事大概有一半的動機是為了美貌，另一半的動機是為了美味。黑白切是全豬饗宴的自助餐，任君挑揀，可豐可儉，想療癒嘴饞還是心靈，都可以在一頓飯盡享多元肉質與膠質，用味覺大冒險，真的妙不可言。

但，有些肉質與膠質，出於嚐鮮淺嚐即可。刻板印象不足取，但童年陰影實在不容易消除。

豬雪花未切開的模樣真如一朵朵雪白的花。（高雄阿進切仔麵）

賞味處

- 涼州街米粉湯（無名涼麵）

  地址：103台北市大同區涼州街1-5號
  營業時間：06:00-14:00，週一休
  電話：0953-860-928

- 阿進切仔麵

  地址：803高雄市鹽埕區瀨南街148號
  營業時間：09:00-20:00，週一休
  電話：07-521-1028

- 芳仔香腸熟肉

  地址：702台南市南區賢南街67號
  營業時間：11:30-18:00，週一休
  電話：06-265-2714

- 國棟麵店

  地址：702台南市南區國民路14號
  營業時間：06:00-22:30，週日休
  電話：06-288-1117

三層？還是五花？

顧名思義，三層肉有三層——豬皮、肥肉、瘦肉這三種肉質。
五花呢？想必有五層，是哪五層？
無非也是豬皮、肥肉與瘦肉交錯，如何交錯？
這是飲食文明的大躍進。

三層肉由豬皮、肥肉、瘦肉三種肉質交錯組成。最完美的三層肉則由三層瘦肉間隔交錯著兩層肥肉，再帶豬皮組成，這種三層肉方才配得上「五花肉」的稱號，白切成適當的厚片，一次滿足三種口感，遂成傳統黑白切必備的鎮店之寶。說是三種口感，其實兩層肥肉或兩層瘦肉，卻又因為部位有差異，仔細品味下還呈現不一樣的口感。五花肉嚴格說來有五種口感。

初出社會開始工作之初經常在昌吉街一帶覓食。靠近重慶北路處有個半開放式的自助餐，老闆娘名叫阿蕊，於是大家都稱那裡是阿蕊便當。阿蕊的菜色豐富，該綠的綠，該鮮嫩的鮮嫩，都是很家常的台菜，當然有白斬雞、白切肉。

阿蕊的白切五花好吃到讓我愛上豬肥肉，也領悟到白切五花要整片一口吃，絕對不可咬一口豬皮，再吃一口瘦肉，最後才吞下剩餘的豬肥肉。為了能好好的一口咀嚼三種口感，白切五花的肉片千萬不可切得太厚，而瘦肉與豬皮要汆煮得恰到火候；起鍋後放涼是關鍵，務必使豬皮彈牙、瘦肉不柴，肥肉不能糊爛黏膩，必須爽口，咀嚼間口齒瀰漫脂肪香氣與肉汁。三要素都做得齊全，靠的是挑對部位。多年吃不到昔日阿蕊的白切肉好味道，竟然在補習街自助餐小店雅蘭德倫驚喜重溫舊夢。

要知道，豬隻很大，三層肉的位置不像臉頰肉只有兩處。最好吃的三層肉在哪裡？

三層肉是腹脇肉，位於豬隻腹部，延伸到前胸靠近前腿上、肩胛下方，由於腹部運動少，脂肪囤積多，肉質不夠緊實，所以好吃的三層肉要選比較靠近前腿處，而這個部位剛好也是肋排分切處。問題來了，如果要留取肋排，也就是一根小肋骨加上一層肉，其實就無法兼得漂亮的五花肉，但可以分切到「三花肉」，也就是三層肉。市面上豬小排之所以越來越貴，原因也在此。消費者精打細算，豬骨吃斤兩多花錢，寧可買五花不買小排。肉販覺得小排貴買的人少，不如都分切成五花，可以切成方正美觀的東坡肉塊，更討喜。

俗話說青菜蘿蔔各有所愛，有時候「美味」也可能因年齡增長有了不同標準，譬如爸爸愛五花，可是年屆九十牙口不好，現在愛的五花要比年輕時更軟嫩，連豬皮也不求彈Q。然而那種軟嫩，並不是煮爛後的軟；煮過爛的五花說什麼都不可能好吃。至於扣肉的五花，那是另一回事，吃的是醬香混以油香，而非讓人欣賞五花肉的美好獨奏。

有鑽研小吃的美食家會特別囑咐店家切「五花尾」，這裡的瘦肉多汁柔嫩，肥肉較不那麼豐腴，最適合中高齡愛吃鬼。然而因為是「尾」，已經沒法要求「三層」、「五層」，有時候只剩下「兩層」，不過這裡無論肥肉瘦肉的確相當軟嫩而多汁。至於是寬的那端還是窄的那頭稱之為「尾」，我的經驗是問店家比較準確，更準確的點餐或採買

方式就是吩咐他來一份「軟嫩一點的三層」，店家會驚喜天涯遇知音，保準讓你滿意。

店家就是這麼可愛，不過只是平價小吃都願意客製化。

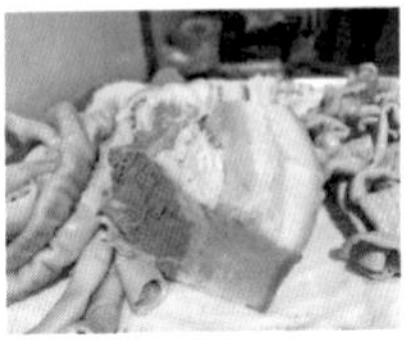

賞味處

· **賣麵炎**

地址：103台北市大同區安西街106號
營業時間：07:00-14:30
電話：02-2557-7087

· **阿蕊自助餐（現改名為阿清自助餐）**

地址：103台北市大同區昌吉街108號
營業時間：10:30-14:00、16:30-19:00，週日休

· **大同雞肉飯**

地址：600嘉義市西區仁愛路191號
營業時間：06:00-15:30
電話：05-285-7230

· **亞蘭德倫小吃**

地址：100台北市中正區信陽街6-3號
營業時間：10:00-14:00、16:00-20:00，週六休
電話：02-2331-7977

· **許記麵攤**

地址：103台北市大同區雙連街38號
營業時間：05:00-13:30，週一休
電話：0925 270 828

紅糟、紅燒還是炸燒肉？

同樣是以地瓜粉漿油炸的豬肉料理，
除了調味差異，還有稱呼上的楚河漢界。
有人講究外層要酥脆得咬起來卡滋響，
有人要求不管酥不酥，肉要又嫩又香又有嚼頭，
還有人信奉的基本教義是不要只給我吃五花，
梅花、二層肉通通可以紅糟、紅燒或做成炸燒肉。

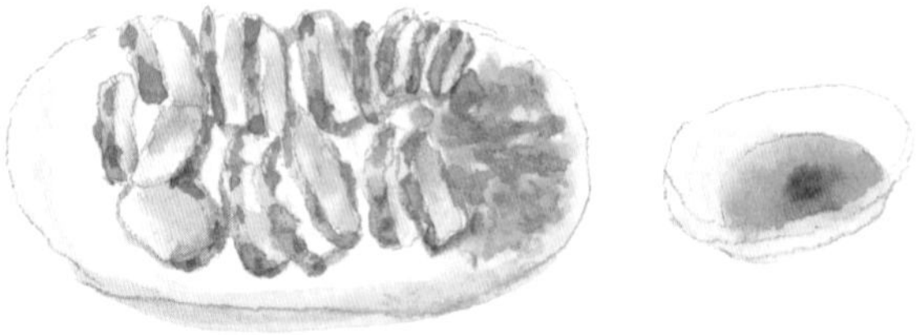

頂著小雨來到正濱漁港，港邊鮮豔的彩色屋像剛畫好的水彩，水粼粼霧濛濛，比起豔陽天的明朗銳利，有一股讓人憐愛的嬌弱氣質。漁港不大，姨媽的鹹粥攤子也很小，但這個看不出規模的漁港歷史悠久，起造於一九三四年，曾是台灣第一大魚貨商港，也是北台灣遠洋漁業的重鎮。鹹粥只是一間鐵皮屋，簡陋不起眼，但已經經營了半世紀多，接手的第二代遠嫁新北市中和，仍每日來到這間小攤，延續母親手藝。

小攤開在海角天邊，有客人嗎？老闆娘一邊幫我炸紅糟肉，一面接手機，「喂，你幾點過來？喔，好啦，我先幫你留……」掛了電話轉頭跟我說，老客人，住永和，常常來吃，很熟了啦。

不一會兒來了兩位年輕小姐，老遠就跟老闆娘熱情招呼，「全部都切一份！」這裡的紅糟肉好吃到值得飆車搶食，入口滿滿的酒糟香氣，五花肉酥脆軟嫩，不肥不膩。我愛紅糟肉，就是為了那股聞起來、嚼起來的酒糟香。好的紅糟肉，外觀不會鮮紅欲滴，因為紅麴酒糟製成紅糟醬時，要混入米酒澥開，再紅也被稀釋了，等到醃漬五花肉，再裹上地瓜粉漿反水後，顏色就更難豔紅。因此，不能以顏色來判斷紅糟肉的紅糟好不好，或有沒有用紅糟。

紅糟本身是健康食品，不過用於紅糟肉醃料的紅糟比例並不足以保護心血管，雖然如此，在吃紅糟肉時，除了享受它的美味，也總有一點自我安慰的心情，「還好有紅糟」，明知是鴕鳥心態還是勇往直前往嘴裡送。

紅糟肉一般多數用五花，但我更喜歡可以隨心所欲挑肥揀瘦吃紅糟肉。和我想法一致的店家還不少，而且都能把各部位的紅糟肉都做得一百分好吃。

不知為什麼有人稱紅糟肉為紅燒肉，我猜應該是閩南語的轉音造成，「燒」在閩南語既可以表示油炸，也可以表示燙。紅糟肉最好吃的瞬間就正是油炸剛起鍋時，那表皮還有一點嘶啦作響，小心忍著燙咔啦咬下一口，酥香伴著肉汁爆漿，身心靈都同時得到莫大的撫慰。

這種撫慰感，愛吃炸雞、鹹酥雞的人都懂。

尤其是阿角的紅糟肉，一定在攤頭吩咐老闆先切一盒，其他不用切。切的通常是二層肉，切好我才能當場買單開吃。那股香噴噴的滋味就是要熱騰騰最美。阿角的粉漿相對薄，或許有些人覺得不夠酥脆，但我特別欣賞它的紅糟香氣特別悠遠綿長，越嚼越香，一口一口慢慢吃，邊走邊繼續在太平市場裡東逛西逛，這樣的日常早晨好安適。

阿角原本也是個麵攤，切了熱騰騰的紅糟肉可以立刻坐下來享用，但因為人手長年不夠，美麗阿姨有了年紀做不動了，麵攤業務停擺，只保留純外帶的紅糟肉。只是每次

台中將紅糟肉稱為炸燒肉，偏好將外皮粉漿炸得較酥脆。（台中好小子）

去買，掌廚的第二代總推說沒空、不要切啦，又或者碎碎唸著缺工的辛苦，總讓人擔憂是不是哪天就忽然再也吃不到了。

另一家心頭好是流動攤販，我都叫它「廖家快閃店」，和阿角一樣有各種部位可挑選。它在景美夜市和新店建國市場有兩個擺攤點，通常早早就可見到漫漫人龍脈脈蜿蜒成形，而街頭巷尾的空氣裡瀰漫醉人的紅糟香，沒去過的人根本不必擔心找不到它。最可愛的是它提供外送服務。它家除了五花，也有梅花、里脊，每一種都肉感十足，而且紅糟香氣與阿角難分軒輊，但阿角的紅糟色澤淡雅，廖家的相當紅豔，逢年過節當供品很討喜。

廖家用的是自製豬油，炸起來的肉特別香也特別酥，加上粉漿裹得較厚較多，所以冷了吃也有一定程度的香酥。阿角的粉漿薄，酥脆感較低，可是奇妙的是放涼吃同樣噴香美味。

早年吃的麵攤、米粉湯並不供應紅糟肉，那時肉貴，吃小吃的常民多半捨不得吃。說起來白切肉成本少了油炸，紅糟肉不但油炸，還多了粉漿與紅糟，還多費工，可能店家也賣不了。隨著台灣經濟條件提升，小吃攤和麵店供應的小菜種類、價位都同步提升很多，而即使這樣，小吃仍屬於絕大部分人負擔得起的食物。

既要表達燙口與油炸的特質，中部的店家乾脆直接稱之為「炸燒肉」，只不過這炸燒肉與紅糟脫了鉤，用的醃料主要是醬油與五香粉，吃起來和排骨便當裡的炸排骨口感風味都很類似。

中部的店家多數會先將肉片捶薄後醃漬，再裹上地瓜粉漿油炸，這類炸燒肉的優點是入口極酥脆，咬起來像餅乾，但缺點是肉太薄就少了爆漿肉汁。或許因為肉片捶得薄了些，降低成本，提升了酥脆度，價格也更為親民，年輕消費者也更喜愛。

少數沒將肉片捶薄的店家，則較能保留肉質的口感；好小子鵝肉擔仔麵和台客燒肉粥算是台中的異數，這兩家店都不算街頭小吃，比較像是台菜熱炒店，屬於小館子的規

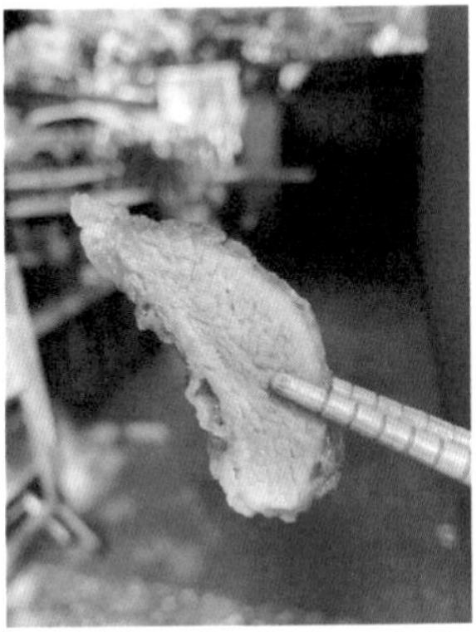

二層肉（離緣肉）是做紅糟肉最上乘的部位，瘦而彈嫩。台北My灶餐廳（上圖）和阿角（中圖）都走薄施粉漿、紅糟氣息淡雅路線，基隆姨媽鹹粥（下圖）選擇濃厚風格，鄰居自製的手工紅糟香氣悠遠迷人。

模，做出來的紅燒肉也多了一點講究。五花肉厚片醃漬下鍋油炸，好小子上桌時片得很薄，淋上淡口也淡色的鵝肉專用甜醬，吃起來不費力咀嚼；台客燒肉粥則切成其他地區都常見的厚片，吃起來又酥又香很有滿足感。

但也有一款紅糟肉壓根兒沒過油，單純將汆熟的肉條抹上紅糟或紅色素。這種作法不是為了取巧，而是不油炸就可以選用更瘦的肉。基隆五層豬腸湯和豬肝腸這兩家名店的紅糟肉就是非油炸小菜，用瘦而嫩的二層（離緣）肉，清爽宜人。

飲食本就是各有所愛，每個人喜愛的原因不同，很難客觀。個人覺得有無紅糟不是關鍵，關鍵是醃料比例與肉質的選擇。所謂人人住家巷口都有一攤天下第一美味的麵攤，台灣人也是人人心中都有宇宙第一名的紅糟肉或炸燒肉。

這不是小確幸，我覺得是莫大的幸福；這麼多不辭辛勞的店家願意持續提供吃起來暢快、自由自在的平民美食，真心感激不已。

賞味處

· **姨媽的鹹粥**

地址：202基隆市中正區中正路393巷22號
營業時間：05:00-12:00，週二休

· **正宗阿角紅燒肉劉美麗**

地址：103台北市大同區延平北路二段247巷2號前（太平市場）
營業時間：08:00-12:00，週一休

· **廖家祖傳秘方紅糟（廖弘義）**

景美早市地址：116台北市文山區景美街86號（景美國小斜對面公有市場內119號對面）
營業時間：週二、四、六、日08：00～13：00
新店黃昏地址：231新北市新店區民族路87號（大豐國小斜對面公車站牌內，中藥房前騎樓）
營業時間：週三、五、六14：30～18：30
電話：0936-094-080

· **好小子鵝肉擔仔麵**

地址：407台中市西屯區大墩路971號
營業時間：11:00-01:00，週二休
電話：04-2327-0449

· **台客燒肉粥**

地址：408台中市南屯區五權西路二段722-1號
營業時間：11:30-00:00，每月第四週的週二、三休
電話：04-2389-0880

白切什麼什麼肉？

如果將台灣菜比喻成議會，
白切肉就是全體代表們的議長。
早年祭祀需要的牲禮，
汆燙後的肉塊抹上鹽巴與少許米酒保鮮，
祭祀後直接就能切片佐各種蘸醬食用，
省事也精省加熱的能源。
即使想要復熱也是蒜頭、醬油快火爆炒就能上桌，
一轉眼成白飯的小偷。

印象中，白切肉幾乎毫無意外都是五花三層。一般黑白切店家肉類也多數只提供豬五花和白斬雞。這一點常讓我納悶。松阪豬當然因為價高不太會出現在攤頭上，那難道梅花、後腿、二層、里脊……這些部位不適合白切？

當然不是。應該是早年供品多用整條五花，汆熟透放涼拜拜才能吃，五花要復熱比其他部位容易，因為本身帶油不容易變得乾澀。而梅花肉雖然柔中帶勁，但整塊形狀不利於擺盤美觀，里脊純瘦只能切薄片煮湯煮麵，二層量少體積也小，當供品不夠大方。這些部位的肉都不如五花便於處理和食用。

白切肉絕對稱得上是台菜精神領袖，質樸天然而美好。

正因為如此美好，不吃內臟或不吃五花肉，或甚至兩種都不吃的人，除了可以選擇肝連、骨仔肉、頭骨肉、臉頰肉，還能在少數小吃店吃到少見的梅花肉、二層肉、老鼠肉、松阪豬……這些部位比五花、三層瘦，但含有筋膜，煮透後吃起來有油潤感，常常一開張就賣完。譬如石碇頭骨肉老店還有搶手的太興肉，貌似松阪豬卻更柔嫩有餘。太興是前腿靠近里脊處的一塊肉，也叫「踢胸」或「肽胸」，外貌潔白如凝脂，但它可不是肥肉。

黑白切店裡吃不到的稀缺白切肉大概只有里脊。這好像是不成文規定，只有切仔麵上面附贈的瘦肉，可能用到里脊肉片。里脊肉精瘦容易柴，少少吃個兩、三塊薄片還可以，如果切一盤恐無福消受。里脊也貴，店家寧可賣白切雞、鴨、鵝肉，售價同樣可以拉高，卻提供不同風味的肉食選擇。瘦肉若要白切，不能挑里脊，上選部位是二層肉。

出了商業色彩較為濃厚的台北市，尤其中南部，可做黑白切的部位幾乎也能幫客人做成湯。譬如，芳仔香腸熟肉的脆骨可白切，也可與芥菜、白蘿蔔、高麗菜……任何時令蔬菜煮成清湯。台中舊城區成功路上在地都知道的無名黑白切，肝連可以和豬血、酸菜同煮成湯，因為生意好價格便宜，肉類和內臟都很新鮮。

兩歲左右，從台南搬到台北市晴光市場附近。那個年代只知道切仔麵還不識陽春麵。小麵攤就擺在住家正對面一塊臭水溝旁的梯形畸零荒地，我每日在二樓陽台看他們下麵、切菜，始終沒吃過。有一回，嚴重厭食的我抵死不肯吃飯，有潔癖、禁吃臭水溝旁攤食的媽媽，為了勸我進食，狠狠跟麵攤切來一大盤滷味。那時候台灣普遍窮，能有滷豆乾、海帶、滷蛋、滷豬耳朵，算得上家常版豪華大餐。

這些都是滷味，跟日後成年痴迷的黑白切並不相同，主要是，並沒有純粹的肉。我見到的肉，就是切仔麵上頭那片水煮抹鹽巴白切肉。在此之前，我吃過的白切肉幾乎都是拜拜後隔頓才吃的復熱肉；媽媽用外婆教的爆炒方式復熱祭拜過的白切肉，加了蒜

基本上任何部位的肉都能白切，
除了單價過高的里脊，只要烹飪
得宜都很美味。（台北涼州街米
粉湯）

頭、蔥段和醬油，鹹香下飯，我已經視為天堂級別的珍饈。後來在麵攤吃到切仔麵附贈的這一小片鮮煮現切的白切肉，才曉得自己見識過分淺薄。

拜拜的白切肉一逕兒是五花，切仔麵上的麵碼白切肉是瘦肉。那片瘦肉極美味，淡淡的鹹，咀嚼間湧出肉香與鮮腴的肉汁，往後可以說根本是為了那片瘦肉去吃切仔麵的。

童年時代冰箱尚未在台灣家庭裡成為普及家電。白切肉汆熟後起鍋放涼才能祭拜，為了趁熱入味並防腐，就用鹽巴通體抹遍。白斬雞是相同邏輯下的產物。不同的只是當年雞肉幾乎來自自家養大的，而豬肉必須花錢買。

想吃才宰殺的雞、鴨自然新鮮可期，可是豬肉就必須受制於人。外婆、媽媽和阿姨們買肉、買魚都有固定攤商，圖的是吃得好又安心。那個年代養豬戶都能自己培育養殖豬隻，也能暢快以餿水餵食。姑且不論肉質和如今現代化養豬系統孰好孰劣，記憶中，古早年代的豬油和豬油渣特別香，豬肉也特別有滋味。台灣豬肉的好味道，得放洋到大西洋岸才能體會到。吃不到有豬肉香又入口噴肉汁的白切肉，竟有椎心之痛，相信留美學生都感同身受。

住在美國的那幾年裡，為了讓紅燒肉、獅子頭、肉羹有鮮味，突發奇想用了泰國魚露提味。但是對嚐過農家自養黑毛豬肉的我，只能復刻出氛圍與情懷，念茲在茲的好味道徒然成了純粹概念，無法顯化成真。

幸好美國有許多韓僑，除了烤肉，韓國人也愛白切五花肉。有一種韓食店擺一大口鐵鍋，鍋裡咕嘟咕嘟煮著豬雜、五花、蹄膀，乳白濃湯煙霧瀰漫，滿室肉香。也有一種韓食店將豬雜、蹄膀、五花放在大蒸鍋裡，熟透的內臟切了直接裝盤，附帶蝦醬、鹽巴，對我來說這已經是和家鄉味零距離等差了，管他沒有醬油膏、蒜蓉，稀里呼嚕下肚立刻治好思鄉病。

韓僑的白切肉不帶皮，這一點難理解；但他們的蹄膀就帶皮啊！

我愛的白切五花一定要帶皮，就像魚排也是帶皮的煎起來更香更美味。豬皮、雞皮、魚皮對一些人來說是難以下嚥的異物，對另一些人卻是珍饈。有一次為了找可做白斬雞的鮮宰雞，到清真肉舖採買全雞，肉舖大叔取了雞過了秤，跟我確定價格無誤後，一轉身卻在短短數秒間將整隻雞全剝了皮，連雞翅也不放過。看得瞠目結舌的我不知道如何是好，幾乎要落淚。後來大叔見到我上門總是笑得很開懷，因為我是唯一來光顧生意的華人，唯一需要全雞帶皮的顧客，唯一會採買半隻羊的台灣人。我的作為讓他對台灣留下不可磨滅的印象。

坊間小吃店供應的白切以三層肉最多，很難見到五花。汆燙又復熱的肉質最怕老，三層或五花白切沒有這個顧慮，其他的臉頰肉、頭骨肉是帶筋的肉更無柴硬的問題。雙連許記別出心裁端出的瘦肉實則梅花肉，有類似臉頰肉的口感卻更油潤，也有近乎頭骨肉筋肉交雜的質地，卻更有彈性。

至於純瘦肉如里脊幾乎絕跡於黑白切，偶爾現身僅僅只是點綴在切仔麵上。南部的切仔麵喜歡將這瘦肉用醬油滷上色再切薄片，北部的切仔麵多半純汆燙。小時候常以為這小小肉片只夠塞牙縫，為何不乾脆「開放」消費者加價購？後來吃著吃著終於也恍然大悟，少即是美，少即是多。就因為少，存在感反而更顯著，有時候讓人捨不得一大口吃掉它。

最美的是，抹鹽巴時稍微下手重一點，把這兩、三片瘦肉醃得鹹一些，浸泡在麵湯裡，反而更能表現出明確的對比滋味——想要甜來點鹹，鹹能襯托出甜味更甘美不是嗎？

黑白切是減法美食，煠熟原味盛盤蘸醬食用，完全回歸食材本色。新鮮，就是店家最大的用心與誠意。

賞味處

・賣麵炎

地址：103台北市大同區安西街106號
營業時間：07:00-14:30
電話：02-2557-7087

・芳仔香腸熟肉

地址：702台南市南區賢南街67號
營業時間：11:30-18:00，週一休

・許記麵攤

地址：103台北市大同區雙連街38號
營業時間：05:00-13:30，週一休
電話：0925-270-828

・黃家酸菜滷肉飯（北投市場）

地址：112台北市北投區磺港路33號410攤（目前在北投中繼市場D棟美食區）
營業時間：06:30-13:30，週一休
電話：02-2896-0626

・石碇頭骨肉老店

地址：223新北市石碇區靜安路一段20號
營業時間：週二、三、四、六 08:00-19:30，週五、日08:00-16:00，週一休
電話：0970-262-267

是軟骨，也是脆骨

軟骨到底軟不軟？脆骨一定脆嗎？

吃紅燒軟骨時，會以為夾在肉之中的膠質狀物是豬筋。

它吃起來就和牛筋沒兩樣。

可是同一塊部位煮成湯，

膠狀物卻是乳白色，咬不動也吞不下去。

趕早在十一點之前，來到心頭好台南福泰飯桌，「老闆，炕肉一塊、肉臊飯一碗……」想了一夜的菜單還來不及說完，老闆睜大眼一臉歉意，「拍謝，炕肉賣完了，但是今天有紅燒小排？」小排，當然好。

原來是矜貴的肋排，不是龍骨或腿骨。福泰用滷肉臊和炕肉的同一鍋滷汁烹煮小排，嫩嘟嘟的肉裡頭串著一小根骨頭，微微顫顫閃著琥珀光澤，頂著綠油油的香菜，好吃極了。總共三大塊，其中一塊是肋排尾，裡面不是小骨頭，而是一塊白白的軟骨。

豬肋排尾端有兩條軟骨排，一頭豬只得兩條，肉攤也相當罕見。以前母親見到會買回家炕白粥，白米大火滾煮至開了米花，放入氽燙洗淨的軟骨排，轉慢火細熬，熬久了，軟骨排的軟骨大抵也快入口即化。

妙的很，一旦煮透爛，它的軟嫩程度與牛筋、蹄筋無異。不誇張，小兒老人的牙齒都可以毫無阻礙輕鬆咀嚼下肚，又Q又嫩，滋味清爽，沒有牛筋、蹄筋的黏。這個部位的肉質就是肥嫩的肋排肉，卻沒有豬腳肥膩。

台南人吃得奇巧，滷肉飯、肉臊飯不稀奇，竟還有許多軟骨飯專賣店。大概也只有台南人還細分出軟骨與脆骨。軟骨只出現在專賣店，而脆骨普遍現身於香腸熟肉店。然而，軟骨飯並非台南獨有，台北和其他城市也偶有所見，用的也都是嫩呼呼的肋排，同樣是紅燒，彷彿是焢肉二點零升級版，畢竟肋排肉質更軟細，入口有肥嫩感卻無肥肉膩口。

和肋排軟骨不同的另一種軟骨是月牙骨，但小吃店通常簡稱為脆骨，它是豬前腿夾心肉與肩胛骨相連處的一塊軟組織，白色的骨質形如月牙，外層包覆薄薄的瘦肉，瘦肉雖少卻不柴，纖維越嚼越有滋味。夜市燒烤攤會用濃郁醬料將月牙骨烤得酥香，但是煠熟白切著吃，或是像台南芳仔那樣與蔬菜煮成湯，更能掌握那獨樹一格的肉香甘甜。

附在骨骼旁的肉，別有一番香甜滋味，也因此將大塊肋排肉燉煮成湯至是美妙。大稻埕慈聖宮廟前的江家排骨湯裡的白蘿蔔被煨煮得鮮美清雋，甚至比排骨肉更引人入勝。

從生理學來說，軟骨分為三大類，豬耳朵的軟骨是彈性軟骨，Q脆無味，月牙骨的軟骨屬於纖維軟骨，是不透明的乳白色，很難吞下肚，主要是品嚐附著在上面的瘦肉。肋排的軟骨是透明軟骨，膠原蛋白成分最高，久燉能入口綿化。

大體膠質加上嫩中有口感的肉質，都格外滑潤生馨。靠著骨頭邊的肉不論多寡，好像都特別好吃，禽類的翅腳、豬羊的蹄未必能登上宴席，卻絲毫不減占有一席「珍饈」級別的美食地位。

脆骨的乳白色軟骨屬於纖維軟骨，不易下嚥，但附著在上面的瘦肉卻有著獨特的明顯纖維感與肉香。（高雄阿進切仔麵）

小時候隔三差五就生病，母親總帶我去雙連一位台南鄉親內科診所看病。看完病，照例要逛一遭市場，因為小孩生病，母親買菜格外大手筆，甘蔗雞、醺豬耳都是我愛吃的。母親愛豬耳廓，無油不膩的豬耳廓切成筷子粗，一條條均勻美麗，中央夾著細如牙籤的乳白色軟骨。我愛這味豬耳朵，卻對細如牙籤的軟骨棄如敝屣，往往一頓飯吃完，剔出一小山的軟骨。那時無論母親如何勸說軟骨可以補骨頭、長高高，就是試也不願試著把這東西嚼嚼吞下去。

不知怎地，這條細細的軟骨再也不成問題，就連啃雞腳雞翅甚至鴨舌頭，所有軟骨再也不是附屬品，再不成窒礙，而是吃的主要目標所在。

肋排軟骨肉質軟細柔嫩，屬於透明軟骨，久煮入口綿化如蹄筋。（上圖台南聖記軟骨飯）。月牙骨骨質脆硬，和時蔬煮清湯優雅馨逸。（下圖台南芳仔香腸熟肉）

賞味處

· **聖記軟骨飯**

地址：700台南市中西區民生路二段110號
營業時間：11:00-21:00，週日休
電話：06-226-7379

· **江家原汁排骨湯**

地址：台北市大同區保安街49巷17號前
營業時間：10:00-16:00

· **芳仔香腸熟肉**

地址：702台南市南區賢南街67號
營業時間：11:30-18:00，週一休
電話：06-265-2714

· **阿進切仔麵**

地址：803高雄市鹽埕區瀨南街148號
營業時間：09:00-20:00，週一休
電話：07-521-1028

炕肉，不是焢肉也非爌肉

上乘的炕肉豬皮、肥肉、瘦肉不能軟爛過頭分崩離析，
也不可口感太過彈韌妨礙咬食，
要能適當讓筷子或唇齒不費力輕鬆分解。
我們之所以喜歡炕肉，是為了咀嚼肉質帶來的口感，
如果一勁到底糜爛不成形，那就直接吃滷肉飯，
讓肉臊滿足自己就好。

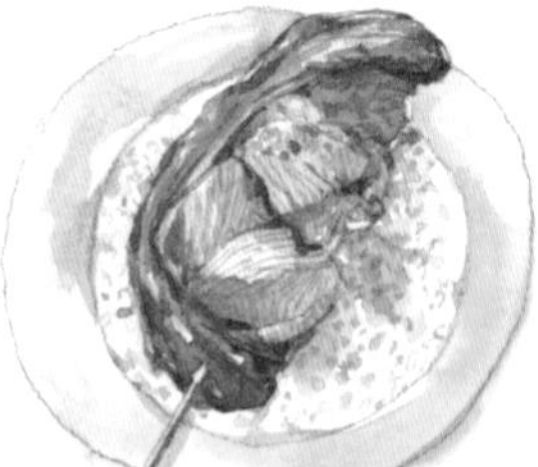

只要是排隊美食從來不在我獵食清單上。反正天涯何處無芳草，台灣處處有美味。但這條鐵律遇到李海滷肉飯就翻車了。台中第二市場是現役傳統菜場，我原本對於菜場內生熟同處一個棚頂下相當排斥，因為氣味交雜又有交叉汙染問題，卻因為逛市場買枇杷看見李海家一眾人丁，從午前開始切肉、洗菜、炸油蔥、煮高湯，忙得不可開交，對它肅然起敬——哦，真的全部都是當天自己現做的。

於是，算準下午四點開賣的時間來一嚐究竟。一吃才懂得了，在人群裡耐著性子安靜接龍，可以大大刺激期待感與飢餓感，即使尾隨漫長人龍在場外馬路邊，仍不時嗅到誘人炕肉香。人龍之所以如此安靜，應該都像我一樣滿腦子翻來攪去盤算等一下該點什麼。

排得越久，腦中的菜單越齊備，也無形中過了量卻毫不自知。輪到我時，站在攤頭緊張的東張西望，點菜大姐察覺到我的茫然焦慮，細心說要吃什麼儘管講。「呃……怎麼沒有豬心？」、「有！」簡短堅定的化解了我幾乎要重組菜單的困擾。

等了又等勾勒再三，理想的菜單出爐——「我要滷肉……啊不是，是肉臊飯，加一塊炕肉和一份腳筋……嗯……嗯……還要豬心湯，再一顆滷蛋，再來一份四季豆……」不急，大姐又提醒我。大抵好不容易排到點菜位置時，每個人的腎上腺多半工作過量。

飯菜上桌時有些許懊惱，點太多了，然而才扒了一口滷肉飯，竟胃口全開。李海的炕肉醬香足，甘鹹適中，肉質肥瘦合度不軟膩，腳筋也軟Q入味，滷肉汁有油蔥香但不搶味。還有我差點以為吃不到的豬心湯，豬心片得很薄，簡單煮成湯，很燙口卻味道鮮美，豬心又嫩又脆，三、兩口竟就吃光光。

有滋有味的一頓飯，也讓我完全忘卻一直擔心吃飯時遇到米奇出巡的隱憂。我根本沒注意到周遭有什麼動靜不動靜，很專注吃飯吃肉，瞇起眼睛喝湯配青菜、滷蛋。除了心血管應該有不少負擔，這樣大吃一頓比兩杯星巴克咖啡還值。

主打消夜的李海滷肉飯，以炕肉與腳筋名震中台灣，它像倚天劍一枝獨秀穩住台中滷肉的名聲。和主攻早市的山河滷肉飯滋味完全不同。也許是因應朝食清淡需求，山河走淡口路線，午後上場的李海偏向濃口風情。這濃口，風情萬種不為過。

但凡滷肉飯好吃的店，炕肉也不差，偶有遇到差的倒不是滋味不對，而是肉質不對。同理，滷肉飯好吃的店，滷蛋卻也未必好吃，因為滷蛋要入味，要醬香、鹹香均衡兼備，靠的不是燉煮而是浸泡。

台灣小吃最討人喜歡的就是通情達理。吃炕肉飯時，很多老闆常會問一句，「要不要淋肉臊？」注意，不是光問你要不要「澆鹹」，而是直接替客人省了一碗滷肉飯外加

彰化是被肉圓耽誤的炕肉飯霸
主，尤其指名要肥的才是內行吃
法。一日三餐到消夜選擇良多羨
煞外地人。（彰化阿泉爌肉飯）

炕肉的多餘開銷。澆鹹沒什麼了不起，奉上一勺滷肉臊真的送進心坎裡。省錢事小，這點心意像買賣雙方互相欣賞與肯定的至情至性交流。

我吃滷肉飯堅守基本教義無肥不歡，炕肉卻不一樣，不管三層、四層或五花，要肥瘦均勻、帶皮。帶皮其實有難度，豬皮能滷到Q彈而同在一處的肥肉不糜爛發膩，靠的是選好部位、選好體態結實精壯的豬。肚腩鬆垮垮的豬或走路沒精打采的豬，都是行家眼裡不夠格當炕肉的料。豬界搶手貨都是健健美的楊玉環體態，行家知道這樣的豬最健康。但願人類社會也能領會此番健康哲學，解開世人肥胖不美的緊箍咒。

有一次在台中搭小黃，目的地正是李海滷肉飯，運將大哥聞言哼了哼說，「炕肉飯要去彰化吃啦！」本來對李海的炕肉已經心滿意足，聽到有台中在地人居然端出彰化炕肉飯來ＰＫ自家的美食，當下決定非去一探究竟。從來，在彰化就是吃各種流派的肉圓，到了彰化一上計程車提出要求，帶我去最好吃的焢肉飯。運將大哥果然知心人，細問：「你是等一下晚餐吃、還是明天早上吃？」喔，早中晚都要，隨即一陣各種炕肉食用心得的癖好交流，取得五、六家名單。

彰化炕肉長相如台中第二市場的兩家扛壩子，都以竹籤串起皮與肉，瘦肉通常是腿庫肉串上一塊豬皮油，包成半圓狀，不肥不瘦的適中款作法相同。腿庫肉纖維長而粗，難免會踩雷吃到發柴的瘦肉，所以我都指名要肥的。只要吩咐要肥一點的，通常就能吃得到非拼接的原裝三層肉。上乘的炕肉連著皮油、肥肉一起滷煮後，皮和肥肉的口感不可過於軟爛，應該要保有口感，吃起來才不會膩。更上乘的炕肉非二層莫屬，可惜量少難得。阿泉爌肉飯的老主顧都知道要吃二層肉，退而求其次也要吃肥的，就是因為這兩個部位特好吃。

台中第二市場美食雲集，專攻下午場的店家從午前就開始舞鏟弄鼎，衝著人家大批人馬辛勤揮汗，排隊捧場實在不為過（上圖台中李海滷肉飯）。彰化的炕肉不論肥瘦一律以竹籤串出美麗的月彎彎，喜愛瘦肉的老饕一樣可以嚐到豬皮油的迷人脂香，真是貼心。（下圖彰化阿章爌肉飯）

有人追求炕肉油亮黑晶，我卻敬而遠之。天底下哪一款醬油著色效果這麼厲害？沒有。炒糖色不是黑，是透光的琥珀色澤。有店家以黑巧克力改色，也無法這般近墨色濃黑。一般餐館廚師做滷味、玫瑰油雞時都會使用老抽上色，一小匙就有驚人效果，而一瓶可樂大小的老抽價錢不如可樂，看看成分表不覺膽顫心驚。沒拜師做菜前還以為老抽是壺底油、蔭油，事實上就連味道都不一樣。

與其求黑晶不如求滋味，不是香料與鹹味而已，滷肉紅燒之美無非圖的是醬香。沒吃過炕肉也應該知道，好醬油難尋且價格不菲。想細品單純醬香，彰化的阿泉、北投黃家都是上選。

不敢吃炕肉？福泰飯桌石精臼老店不但有炕肉，還有炕豬小排，軟嫩的腩排頗有吃炕肉的意味，卻是進階版的享受。然而就算是腩排，也得出自健健美豬，肌肉纖維才油潤不柴。

坊間炕肉兩字通常寫作「焢肉」或「爌肉」。焢是形容火氣，爌則是光明，正字應該寫作炕。但因為店家招牌有它們的用法，資訊欄內的用字就依招牌，以示尊重。

賞味處

· **李海滷肉飯**

地址：400台中市三民路二段85號98攤位（台中第二市場內）
營業時間：16:00-03:00，週三休
電話：04-2226-0180

· **福泰飯桌仔**

地址：700台南市中西區民族路二段240號
營業時間：07:30-14:30，週六、日休
電話：06-228-6833

· **阿章爌肉飯**

地址：500彰化縣彰化市南郭路一段6號
營業時間：11:00-13:00、16:30-00:30
電話：04-727-1500

· **阿泉爌肉飯**

地址：500彰化縣彰化市成功路216號
營業時間：07:00-13:30
電話：04-728-1979

肝連？肝沿？或者乾脆叫隔間肉

初識得豬肝連很是驚訝，是瘦肉，上下被筋膜夾住，煮得軟透入口，有彈性無油脂，太美妙了。從南到北，全台小吃店幾乎都有它的身影，堪稱黑白切紅人榜狀元小菜。

彰化以肉圓聞名，其實當地人早餐不吃肉圓，吃炕肉飯，而且幾家老字號都很傑出，簡直是被肉圓耽誤的炕肉飯霸主。不光是早餐，彰化人其實三餐都吃炕肉飯，肉圓只是點心。

彰化八十多年老店阿泉是一間樸實無華的好店，不論炕肉或黑白切小菜，味道都很乾淨單純，不強調顏色黑晶不黑晶，也不強調甜味，就連豬肝連也無醬油膏，是自家獨有的乾拌方式，簡單以鹽與高湯調味，拌入薑絲、韭菜，主角豬肝連軟嫩微Q，湯也簡單獨特，白蘿蔔加魚丸，所有的餐點，包括滷蛋，口味都是淡雅卻突出，微微的鹹在咀嚼間逸出，獨立鮮明又內斂。這樣的味道，真的十分適合早餐半夢半醒的腸胃。

熟識肝連已經接近成年，是上了大學早晨要在東門市場門口等車。那時免不了觀察起市場大門周邊環境，無意間瞥見彈子房小弄裡有熱滾滾的小吃店，一大清早就有位歐巴桑蹲在地上，就著水龍頭洗著一大臉盆的豬雜；總是一盆接著一盆洗，看得我都替她感覺累。

她就是後來火紅的老店——羅媽媽米粉湯的羅媽媽。終於有一日趁著買菜溜進母親不許走的小弄，市場的飲食環境總讓母親很介意，於是我火速來到攤前，火速點了豬心、豬舌、大腸、油豆腐外帶，不小心看見大鍋邊一堆不認識的東西，「這是啥？」

「豬肝連，很好吃喔，切一點試試看！」老闆娘殷勤勸進。

原來是一整塊未分切的豬肝連。羅媽媽是客家人，勤儉耐勞四個字全寫在臉上，大清晨清洗整治黑白切很耗時間，長年長時間蹲著工作，多年後我看她步履越來越拖沓，越來越不靈活。有饕客覺得，她的米粉太細，沒煮透，又說，黑白切味道不夠乾淨……但在我心目中有不可磨滅的地位，她的米粉湯和黑白切為我開啟了五花八門的黑白切多元宇宙。

往後我經常趁買菜先拐進小弄，外帶大腸和肝連變成餐桌上的家常菜；不放醬油膏，只要薑絲，還可以再燉一會兒的肝連，春天煮綠竹筍，夏天煮苦瓜，秋天煮萵苣筍，冬天煮大白菜，方便又美味。肝連無肥油，但筋膜燉透會釋出膠質，湯頭清腴鮮美得很。算是懶中懶的料理。

台中稱肝連為隔間肉，第一次見到意會不來，點菜時腦袋卡了好一會兒。隔間肉，這名字取得妙。也有一些地方把肝連叫做肝沿，頗有畫面感，比肝連有趣多了。

台中黑白切在薑絲之外，喜歡搭配酸菜，甚至肝連煮湯也放酸菜。有一次點了豬血湯，因為覺得豬血配酸菜比較能接受，後來臨時加了肝連，上桌時變成一碗薑絲豬血肝連酸菜湯，卻沒有豬血的小跟班韭菜，害我反而覺得怪怪的。白切肝連如果筋膜彈性較

白切肝連不稀奇，彰化阿泉滷肉飯別出心裁做成乾拌，簡單鹽味與韭菜、薑絲，竟有令人難忘的滋味。

大，實在不適合再煮成湯，除非多加火候把筋膜煮透、軟一點。

肝連好吃莫不就是那兩層筋膜。曾聽過有客人吩咐店家切一份肝連，「要去筋！」雖然明知肝連的那層小小的瘦肉實在好吃，卻有點可惜除去的筋膜不知所蹤何等無辜，況且，可有人喜歡肝連不要瘦肉的嗎？

吃小吃多半是填飽肚子為主，有種速戰速決的節奏。然而，肝連這道小菜卻總讓我想以下午茶的節奏來品嚐它。它不像粉肝、大腸可以大吃一口，它和豬心、豬舌、心管同一國，適合一口一片細嚼慢嚥。

有時候等座位，客人雙眼微瞇慢條斯理吃著肝連，看得我急火攻心，但也理解這是可敬的內行人。

賞味處

・**阿泉爌肉飯**

地址：500彰化縣彰化市成功路216號

營業時間：07:00-13:30

電話：04-728-1979

・**羅媽媽米粉湯**

地址：100台北市中正區信義路二段87號（東門市場新館17號）

營業時間：07:00-15:00，週一休

電話：0937-973-798

豬皮，就是要耍個性

豬皮是個奇妙的東西，燉爛透軟趴趴黏呼呼，只能做成豬皮凍，讓它凝固後呈現軟Q彈牙。因為價廉，惜物節儉的先人做成爆皮入菜，油炸又乾燥復泡軟，整出脆爽有勁，又可延長保存期限。但即使這樣費事整治，都比直接黑白切來得容易。

出生未滿月時就腸胃炎，母乳不能喝，連飲水都腹瀉，後來腸胃一直很虛弱，直到上幼稚園胃口都不好，常望著飯菜就是吃不下。有一日母親切來對面小麵攤的滷菜，除了滷海帶、豆乾，還有家裡沒煮過的白切豬皮，淋著油亮亮的醬油膏。那盤滷味激活了我的胃口。

那個小小年紀最愛的食物，是晴光市場福利麵包店的法式水果軟糖（Pâte de fruits）。白切豬皮貌似軟糖，透光白淨，醬油膏裡有淡淡的芝麻油香，豬皮嚼起來不軟不硬，柔中帶Q滿口香腴。三兩下我竟火速吃光早已涼透的白飯。

此後母親經常買豬皮回家自己滷製。有一天肉販忍不住問母親，「家裡養了很多隻狗嗎？」母親竟淡定回答人家，「是有三隻呢！」豬皮是很便宜的葷食，肉販有時根本相送，母親也樂得一次就做一小盆。母親是熟客，肉販相贈的豬皮也都除毛乾淨，甚至會先用薄口刀剔去皮下肥油，滷煮起來簡易很多。

滷好的豬皮熱吃冷食都可以，忙碌的母親很是喜歡，更重要的是，梅花肉與豬皮一同滷製，多了膠質滑潤更好吃，何況家中三隻「小狗」都很愛，一小盤就能解決一大碗飯。

不知道為何母親從來不白切豬皮，白切豈不更簡單？

後來才知道，紅燒滷煮反倒容易，母親滷豬皮只需將豬皮汆燙後，直接下鍋加梅花肉紅燒，滷好後撈起切成適口大小，滑Q滑Q非常好吃。而汆煮黑白切的豬皮講究多了。白切豬皮要將豬皮切成大小相當的矩形，兩、三張捲好捆牢，煮好一卷卷放涼，這樣才能讓豬皮定形，吃起來才會Q彈。

南部香腸熟肉店的豬皮幾乎都是這麼一卷卷擺放著，客人點菜才切小塊，迅速回鍋燙一下。市面上各家的白切豬皮彈牙程度各自表述，個性迥異，吃起來充滿小趣味。信維市場米粉湯的豬皮偏軟，東門市場羅媽媽米粉湯的偏爛，涼州街米粉湯與台南香腸熟肉類似，偏彈Q；周記切仔麵的豬皮有密密麻麻的細刀痕，連毛根都切得乾乾淨淨。

豬皮料理當中最複雜的大概是豬皮凍。大塊的豬皮汆燙後下鍋煮軟，撈起切小細條，再用清水加一點八角、茴香、蔥同煮入味。關鍵是小火煮，湯汁不能沸騰，做好的豬皮凍才會晶瑩剔透，不會渾濁。豬皮凍是華北的菜，要做得軟Q才好吃，所以豬皮與水的比例很重要，豬皮放太多則豬皮凍會太韌，放太少的話結凍會不夠結實，不彈牙也不好吃。

廚藝最高超的創意就是粗菜細做，而粗菜細做最難的是，把食材做出超越它原本的形貌與可能性。爆皮也作卜皮，油炸並乾燥後做成配料，算是粗菜細做的代表，它的口

豬皮最忌諱除毛不周或遺留毛根防礙觀瞻與胃口。有店家以細切刻花方式整治乾淨，意外整理成耐人尋味的模樣。（台北周記切仔麵）

感也迥異於原本的膠質，成了花膠的平價替代品，口感也有七分像。爆皮普遍存在於東南亞，越南、馬來西亞、印尼都有，直接入菜提供油脂香氣與酥脆口感。

台灣菜以爆皮煨煮大白菜，配上香菇、肉絲，又軟又脆爽，美味滿分。香港以爆皮加魚蛋煮黃咖哩，是街頭小吃也是茶餐廳必點的菜色。拿爆皮煮清湯，則是嘉義台南的小吃特色。

台南的香腸熟肉，在嘉義稱為滷熟肉，但細看攤頭食櫃的小菜規模，華麗程度不相上下。別以為到嘉義就是吃沙茶魚頭和火雞肉飯，其實在地人更喜歡的就是滷熟肉。

我最愛菜鴨滷熟肉，清晨六點前早已經大排長龍，人人拿著盤子自己夾小菜，老闆娘會告訴你小菜多少錢，並問你要滷肉飯、米苔目、米粉湯、白飯……「吃完再付錢就好了！」你只需找個位子坐下，餐點便會一一送上來。在這裡吃飯除了黑白切種類繁多又好吃，整家店的用餐氛圍實在有趣。排隊夾菜時大家擠過來擠過去，就怕落後撲空吃不到。別誤會嘉義民風強悍，實在是菜鴨生意非常之好，一轉眼所有小菜、湯、主食馬上就被一掃而空！

有一回來晚了——不過就是中午十一點半多而已，只剩粉腸、香腸，米苔目、滷肉飯也全沒了，悻悻然，仍端坐下來吃了一碗快見底的赤瓜肉絲爆皮湯；鮮美的熱湯下

肚，赤瓜（也就是大黃瓜）清新肉絲細嫩，主角爆皮Q彈有味，配著粉腸、香腸，竟也飽餐一頓，通體舒暢得很。

嘉義的另一家黑人魯熟肉也是如此。小小店面不過兩張桌子，根本容納不了外面排隊的人潮。其實，黑人做「下午茶」生意，內用的客人雖多，卻不如晚飯前來外帶的鄉親。不誇張，一不注意，小菜轉瞬成空；多數人打包拎走的可不只是當天的餐點，也難怪隊伍裡的人個個神色緊張兮兮，搶菜動作十分狂野。

幸而豬皮或許太過廉價又平庸，入不了分子料理的眼。不過，在分子料理的領域裡，大抵不外乎提煉膠質重新塑形，要怎麼做出有別於明膠片的格局呢？分子料理的細做比較像食物的實驗，與攝食無關。

以豬皮為例，豬皮凍已經是可接受的最佳表現了，而白切豬皮則是用最簡單的技法呈現最大程度的美味。

賞味處

- **清子香腸熟肉**

  地址：700台南市中西區民族路二段248號

  營業時間：11:00-20:00

- **涼州街米粉湯（無名涼麵）**

  地址：103台北市大同區涼州街1-5號

  營業時間：06:00-14:00，週一休

  電話：0953-860-928

- **信維市場米粉湯**

  地址：台北市大安區信義路四段60-19號

  營業時間：08:30-17:00；週六08:30-15:00，週日休

  電話：02-2701-4917

- **周記切仔麵**

  地址：106台北市大安區復興南路一段267號

  營業時間：11:00-22:00，週一休

  電話：02-2703-5669

- **鄭家切仔麵**

  地址：803高雄市鹽埕區新樂街201巷5號

  營業時間：08:00-15:00

  電話：07-561-0706

- **菜鴨滷熟肉（源滷肉飯）**

  地址：600嘉義市東區朝陽街95號

  營業時間：06:00-13:00

  電話：05-278-9797

- **黑人魯熟肉**

  地址：600嘉義市東區共和路84號

  營業時間：14:00-17:00，週一休

  電話：05-225-6661

尾溜，隱身於小吃的美味

豬尾巴在北部黑白切裡少見，中南部卻常見。
黑白切少見，滷味店倒是有。但除了紅燒，
白切豬尾巴最能吃到尾骨那一點點瘦肉的細嫩好味道。
那一點點瘦肉纖維分明卻軟嫩有加，
是豬隻身上罕有的特殊口感。

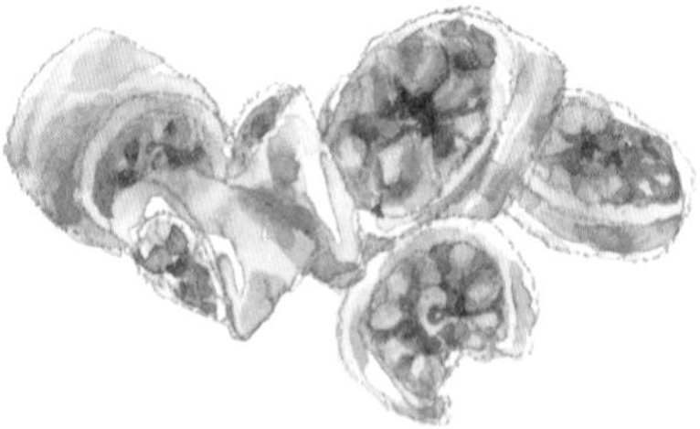

小時候極不愛豬腳，也不喜歡蹄膀。豬腳與蹄膀都有肥筋，爛爛的不好吃，沒煮透又韌韌的，也不覺得好吃。於是，母親買豬尾巴跟豬腳、蹄膀一起紅燒，小小一圈圈的豬尾巴看起來像迷你豬腳，卻只有皮和一點點瘦肉，太完美了。那時候不會做菜，哪裡知道豬尾巴要處理殘毛多搞工。

那時只知道，一頭豬只有一小節尾巴，「很難得的！」母親總這麼說。豬尾巴最好吃的是中段，靠近豬臀那端皮下還是像豬腳夾著一層肥筋，不愛。太尾端，又只剩皮包骨，跟吃豬皮沒兩樣，不好玩。

豬尾巴關節多，這表示它運動多，而這個部位的皮又比豬身上其他的皮來得薄，除了鄰近臀部有肥油，剩餘的幾乎沒有皮下脂肪，試想，皮薄而運動充分又帶少少瘦肉，沒吃過的人真該試試看，是絕無僅有的口感。

豬尾巴在北部黑白切裡少見，中南部卻常見。黑白切少見，滷味店倒是有。台南老字號的國棟麵店素以滷味聞名，豬尾巴很受青睞。但除了紅燒，白切豬尾巴最能吃到黏附在尾骨上那一點點瘦肉的細嫩好味道。別瞧不起那一點點瘦肉，人家纖維分明卻軟嫩有加，是豬隻身上少有的好肉。豬腳內的瘦肉雖嫩，但纖維粗長，跟豬尾巴完全不是同一國的產物。

正因為豬尾巴結構特殊，即使切成段，要端莊斯文用筷子夾起來吃都是大考驗。吃到後來總是忍不住放棄筷子，直接用手抓著慢慢啃。或許是因為這樣，豬尾巴難有機會登上筵席大桌，只能隱身小吃攤，還好仍受到眾多食客喜愛，一點也不委屈。

第一次吃到牛尾時，忍不住拿來跟豬尾做了比較。牛尾要小火慢燉，我都是用慢燉鍋，鍋底鋪上洋蔥塊、青蔥段、大蒜，放入切段的牛尾塊，倒入紅葡萄酒，睡前插上電，讓燉鍋自己處理，隔日早餐或午餐都有了著落。美國冷凍的牛尾腥味重又比較肥膩，用這樣烹製既簡單省事也好吃，它的肥膩正好給北美溫帶的人類多補充熱量，若是在台灣，冬令進補可以挑選的食材繁多，牛尾又貴，實在不需要考慮它。

豬尾不如牛尾肥膩，在台灣又能買到鮮宰的，煮透了就能吃。除了豬牛，雞尾也能成菜，但同樣只能隱身小吃，鴨、鵝的尾椎腥臭難擋，絕跡於餐桌。至於羊咩咩的尾巴，則是不敢嘗試。

閩南語很有意思，禽類的尾端稱尾椎，那個椎字其實指的不是脊椎，而是尾端形狀如錐體；牛尾叫尾仔，因為很長，只有豬尾稱尾溜，望文生意，像是看見一截小卷尾晃啊晃，煞是可愛。也唯有豬尾巴帶皮煮食，牛尾、羊尾都是脫了皮的，口感哪有豬尾有趣。

堪稱迷你豬腳的豬尾巴，吃得到彈牙的豬皮卻無豬腳的皮下脂肪，瘦肉又細又嫩，別有自成一格的風味。（台南芳仔香腸熟肉）

新店老街的勇伯米粉湯最神奇，攤頭大熱鍋總有成堆的豬尾巴，高湯白煮切段溫熱著吃，皮偏Q彈瘦肉部分細嫩，比光吃豬皮滋味豐富，又比嚼豬腳清爽。台南香腸熟肉的豬尾巴是涼菜，放涼後豬尾巴的皮富彈性卻不黏牙也不膩。芳仔的豬尾巴收拾得晶瑩剔透，煮得軟嫩適中，皮還留有彈性卻很容易入口，不蘸醬吃得到肉質的甜，蘸一點加了蒜泥的醬油膏，多了一層香氣。

但凡好吃的黑白切，內臟與肉都是當天「現撈」的，不曾經過冷凍再解凍，所以肉質飽水鮮甜，其實這樣的品質拿去紅燒有點可惜。有時候，買一份白切豬尾巴，回家和竹筍、大芥菜、萵苣筍或紅白蘿蔔燉湯，就是簡便的一頓，有菜、有湯、有肉，還有滿滿的膠質。科學家總是說，膠原蛋白無法靠攝食補充，可是吃了豬皮豬尾巴甚至豬腳，皮光肉膨也是事實。

或許只是因為心情大好容光煥發也未可知。

賞味處

・芳仔香腸熟肉

地址：702台南市南區賢南街67號
營業時間：11:30-19:00，週一休
電話：06-265-2714

・勇伯米粉湯

地址：231新北市新店區光明街57號
營業時間：09:00-19:00，週一休
電話：02-2912-3478

・國棟麵店

地址：702台南市南區國民路14號
營業時間：06:00-22:30，週日休
電話：06-288-1117

Part 2

幸福的內在美

心肝寶貝

豬肺糕，把器官變成美味容器

豬肺是豬雜裡最不受歡迎的部位，清洗耗工費時，肉販通常拿來免費奉送。

然而舉凡有孔洞的器官，都能激發人類新穎的創意，就這樣變出意想不到的美味。

用閩南話發音，「豬血糕」和「豬肺糕」很近似，稍微走個音就搞錯。豬血糕大街小巷都有，但豬肺糕是什麼？知道的、吃過的，絕大多數應該是台南人，也堪稱是台南奇巧稀罕的黑白切。

但這兩種「粿」本質很不相同。一般的粿，都與米有關，不論在來米或糯米，譬如豬血糕，又別稱米血，與不摻入米粒的豬血做區隔。

豬肺糕跟米無關，而是跟地瓜粉有關。首先將豬肺清洗乾淨，要有多乾淨呢？要把褐黑赭紅的豬肺洗成乳白色。肺臟內有數不清的大小血管、小氣管、肺泡，清洗時必須用清水灌入肺臟血管、氣管與肺泡內揉搓、倒淨，反覆一遍又一遍。洗掉的都是殘留肺臟內的血水，腥臭難當，還得不畏懼血腥感，以及軟趴趴的手感，因為正常健康的肺臟分割後一段時間會塌陷的。正因為這樣，只有健康的豬肺才能灌料做成豬肺糕。然而因為處理太過費工，很少攤商願意供應豬肺或豬肺糕。光是想像清洗血汙至雪白的過程，不知要洗掉多少水，雙手要搓揉泡水多久時間，真的讓人卻步。

台灣最好的豬血糕，在我心目中是台南清子；冷食，切成比麻將塊稍厚，米粒煮得透，可能是因為米多血少的比例拿捏得恰到好處，軟而彈牙但不黏牙，即使不蘸醬都越嚼越有滋味。全台灣最好的豬肺糕也是清子。清子會問，「要吃脆一點，還是軟一點？」

脆或軟，取決於豬肺的部位。豬肺分為若干個葉，左右肺各有尖葉，心葉和膈葉，右肺還多了個附葉。尖葉都是「管道」末端，能容納的填充餡料自然少，所以吃得到比較多豬肺本身的脆度，口感類似軟骨。想吃脆的，清子就會挑這個部位給你。心葉是體積較大的肺葉，氣管、血管相對粗大，可容納餡料也多，自然入口軟滑，用「糕」字形容這個口感，實在很貼切。

豬肺糕算是嘉南特有的黑白切，但作工複雜，並不是街頭巷尾都吃得到。有些豬肺糕成色偏黑，那就是清洗不夠澈底。清子的豬肺糕色澤奶白，貌似玉子燒。灌入豬肺的餡料其實很簡單，就是地瓜粉調水與調味料，各家有不可外傳的祕方配比。

賣了七十年的玉井老牛伯也走乳白漂亮風格。老牛伯早年是肉販，兼賣黑白切後生意火紅，乾脆改做餐飲至今。老牛伯供應豬血湯，走的是濃郁路線，這和清子、阿財只提供清爽的味噌湯，或溪仔的關東煮湯很不同。可能是因為老牛伯位於農村，其餘的都在市中心內，人們需要的熱量不同。

清子的豬肺糕看起來漂亮乾淨，吃起來味道也很乾淨，粉料內餡入口不糊爛，剛好撐起肺葉組織，有點彈性而偏軟，比起單純的豬肺多了澱粉咀嚼後產生的甜味，煞是有

凡有管皆能化器官為容器，另闢新徑成就創意美食。豬肺糕或粉豬肺改變了豬肺的樣貌與既定的口感，也賦予廉價的豬肺新的價值高度。（嘉義梅山阿美粉豬肺）

意思。

更有意思的是，豬肺的熱量與脂肪比瘦肉還低，但是灌入地瓜粉水後，多了碳水的熱量。會不會這又是先人的智慧發明？在食物匱乏的年頭，地瓜易得，借地瓜粉讓豬肺重新恢復飽滿的狀態，也補充飽滿的熱量，比起單純吃豬肺更有飽足感與營養。

若真如此，先人捨不得將肺泡內的殘血洗得一乾二淨，也或許是為了吃一點豬血補充熱量吧。說不定，乳白的豬肺糕象徵社會經濟的大躍進，畢竟人類一旦富裕起來，就不怎麼容易肚子餓，吃東西圖的只是嘴饞而已。尤其是台南人，擔仔麵、蝦仁肉圓、香腸熟肉，都是點心，吃巧不吃飽。

豬肺糕越過縣界到嘉義梅山，名字改叫「粉豬肺」。當地赫赫有名的阿美把豬肺糕當成了主食，而且是地表最強的早餐！生意火紅四十多年，而且大批食客短短數小時就能一掃而空。它家豬肺糕屬乳白漂亮款，蘸醬也和台南一樣是醬油膏配芥末。溫熱著吃，不同於清子香腸熟肉吃冷食，頗適合梅山環境當早點補充營養又開胃。

豬肺是最廉價的內臟，做成肺糕當早餐，完全是農業時代惜物精神的極致表現，有情有義不枉費豬族犧牲肉身供養了人類。

賞味處

・阿財點心香腸熟肉

地址：700台南市中西區友愛街206巷6號（康樂市場102號攤位）

營業時間：10:30-17:00

電話：06-224-6673

・清子香腸熟肉

地址：700台南市中西區民族路二段248號

營業時間：11:00-20:00

・嘉義梅山阿美粉豬肺

地址：603嘉義縣梅山鄉社教路76號

營業時間：08:00-11:00

・台南玉井老牛伯豬血豬肺粿專賣店

地址：714台南市玉井區中正路100巷30號

營業時間：07:30-12:30，週二、三休

電話：06-574-3521

半生不熟最美——腰花

豬腰是所有豬內臟裡風味最獨特的一個，
嫩，極嫩，又可以脆，極脆，
而就算煮過頭過熟都不會難吃，
可白切可涼拌可入湯可爆炒，可清淡可麻辣卻無一不美。

豬腰子是奇妙的臟器。它有豐富的水分，組織體柔細，吃起來有一種曖昧感，既有存在感又好像沒有存在感，而且不論軟硬也不論調味濃淡都很好吃，沒有豬肝的過度濃郁感，也無豬肺有礙牙口的小氣泡組織，老少咸宜。華人相信以形補形，腰子一直都是珍貴的食材，家中有人坐月子，更是必須提早向熟識豬販預定，否則拿不到一天一副的基礎配額。別以為一副腰子很多，其實下鍋就縮水一半，餐廳裡滿滿一盤大片大片的腰花，用的可不只兩副。

處理腰子非常不容易。厲害的廚師都要求肉販不要動刀，務求親手清理分切。腰子水嫩，容易腐敗腥臭，如果早上菜場買了要等晚餐才下鍋，就得先劃刀清理、分切，汆燙至八分熟，速速起鍋泡冰水降溫放涼，再換乾淨冷水浸泡放冷藏。等到晚餐要煮麻油腰子湯，就先以麻油爆薑片、加高湯或清水，煮滾後才下片好刻花的腰子，快速再滾就可起鍋。這個手法可確保腰子新鮮無虞，又能最大程度保住它的嫩中帶脆；如此處理的腰子刻出的花線稜角立體，特別好看。

台北有許多主打早餐的米粉湯、小吃店供應焿燙的腰子，因為物稀為貴經常早早賣完。這樣的早市腰子最新鮮好吃，而且，敢端出現點現做的焿腰子，也表示店家對自己的腰子鮮度很有把握。

夠新鮮的腰子熱鍋中㸃燙即起，若店家有空切了花，便會因受熱蜷曲形成美麗的流蘇捲。但多數小吃店家都很忙，往往只能簡單切片，幸好只要新鮮，沒有流蘇花捲也不妨礙腰子的美味。夠新鮮的腰子甚至可以氽個八、九分熟即起鍋，外微脆內極嫩，和熟透的腰子呈現截然不同的口感，水嫩加倍，又再多添了一分似有若無的存在感。迪化街的黑白切扛霸子賣麵炎、涼州街米粉湯都供應㸃腰子，要起早搶先才吃得到的㸃腰子，簡單淋上一小撮醬油與一小撮香油，配著薑絲入口，通體舒暢。

夜市要吃到好的腰子，全憑店家用心。像台北延三夜市雄雞肉飯敢端出八分熟的㸃腰子，不得不佩服。很多大型連鎖店販賣的腰子，多數仰賴冷凍解凍處理，一看刻花不夠捲翹或線條少了明快俐落，就知道鮮度會打折扣。保鮮稍有不慎很容易一咬一口腥湧上來，那股腥又不同於其他內臟，是尿騷與血腥融為一體，不吐不快。

腰子也是少數可以搭配多種食材入菜的內臟，上海館子的炒蝦腰、浙寧館子的涼拌腰片、福州菜館的爆雙脆，腰子都很能凸顯自己獨特的風味與口感。

早期榮榮園老師傅還在時，有一道涼拌腰片，㸃得八、九分熟的腰片，刻花如菊瓣，一大片一大片疊成花環，淋上辛香料與芝麻醬，鮮香微辣好開胃。類似的涼拌腰片如今還能在台菜餐廳Ｍｙ灶吃到，但醬料配方不同，少了麻醬與醋味，辣度微增，腰片

越新鮮的腰子刻花越美，有稜有角的花瓣也能讓平滑的腰子更容易吸附醬汁，足證小菜也有深奧的廚藝哲思。（台北My灶）

同樣美如菊瓣，同樣八、九分熟，水嫩加倍，醬料與腰片比例得當，調味爽口又保有腰片本身內臟的滋味，看起來氣派，吃起來是很稱職的前菜。

正因為豬腰潛能無限，可清淡可麻辣，吃沙茶或麻辣火鍋時我必點腰片，隨心所欲燙成各種熟度，只要腰子鮮度夠，不論是蘸摻入蒜泥的沙茶醬，還是搭配一點烏醋、清醬油與一點點香油，都能吃出無窮滋味。這樣吃火鍋，總有一種黑白切DIY的氣氛與掌控感，十分爽快。南台灣喜歡將腰子煮成熱湯，單純清高湯配薑絲，佐一小碟蘸醬，也算是保留了黑白切的精神。這樣的腰子湯一端上桌我會立刻將所有腰花撈起另放，唯恐滾燙的高湯把腰花浸得太熟。

到餐館當然可以期望吃到品質很好的腰子，分量又大，但總是售價高昂，沒辦法天天享受。小吃攤則會將腰子切得很薄很小（對待豬心也是），很快就能燙熟，也省了成本，可以壓低售價讓所有喜歡腰子的消費者都負擔得起，其實非常貼心。

在黑白切的領域裡，腰子獨樹一格，它得一份一份現點現切現燙，無法如處理豬心那樣事先汆煮至七、八分熟，待客人點餐才分切復熱。一旦事先汆煮、分切，腰子就啟動萎縮模式，尺寸口感水分同步退化。說到底，不論對店家或是對消費者，豬腰都是貴氣十足的菜。

賞味處

・涼州街米粉湯（無名涼麵）

地址：103台北市大同區涼州街1-5號
營業時間：06:00-14:00，週一休
電話：0953-860-928

・雄嘉義雞肉飯（延三夜市）

地址：103台北市大同區延平北路三段61-1號
營業時間：16:00-22:00
電話：02-2594-8078

・My灶

地址：104台北市中山區松江路100巷9號
營業時間：11:30-14:00、17:30-21:30
電話：02-2522-2697

・上海小吃館

地址：106台北市大安區仁愛路四段71巷14號
營業時間：11:00-14:30、17:00-20:30，週日休
電話：02-2741-6260

・賣麵炎

地址：103台北市大同區安西街106號
營業時間：07:00-14:30
電話：02-2557-7087

心啊心，吃軟？吃硬？

「老闆娘，豬心一份，燙熟一點！」

老闆娘拿起擔頭湯鍋邊的整顆熟豬心，

掄起刀剖半再改刀切片，

煮熟的豬心剖面立刻泛起胭脂緋紅，

啊，原來如此，吃心人對熟嫩度各有偏愛，

但一整顆心怎麼控制熟度？

接手的第二代老闆娘負責出餐，舀鹹粥、米粉湯的勺子沒停過，切小菜的剁刀聲沒停過，和圍坐在擔頭周邊的客人閒聊的嘴也沒停過。

「阮的豬心蓋好呷！我攏專工揀那種實心的……」實心的?!按怎知道是不是實心的，我連忙追根究柢。「要捏下去啊！」

「吼，你內行知影吃阮的大腸，阮這攏冇泡過藥，啊哪嘸整鍋湯害了了……」

「我不賣白管……不過有豬心頭，只剩一份捏，趕快決定要不要……」豬心頭就是心臟連接主動脈處，可以同時吃到鮮嫩的豬心肉質與脆口的一截白管。

「啊，等阮哪倒轉去，恁就冇蹚呷囉……」

聽到這句話，周邊已各吃兩輪小菜的客人登時同步抬頭，包括我在內，紛紛舉筷子端碗七嘴八舌要加點這個那個，「頭家娘再來一碗鹹粥」、「我可以要半碗米粉湯嗎？」、「這邊加一份大腸啦！」……包括我在內，被情緒勒索得很心甘情願。

這攤大稻埕米粉湯規模真的很小，大家都搶坐在鍋爐周邊的「板前」搖滾區，看著兩大口鍋裡咕嚕咕嚕煮著，汗珠在額頭臉頰上搖滾，卻依然滿面紅光淡定吃著。店招牌也很小，貼在頭家娘身後的牆壁上，雖標榜著大稻埕，其實離迪化街有一段步行難及的距離，已經來到重慶北路與華陰街口，躋身在大馬路高樓繁華間的小巷弄。

老闆娘一邊切菜舀湯一邊繼續說著，「阮的米粉是純米，要先炊過，炊至少四十分鐘，才能下鍋煮欶，不然煮不透。」

我是衝著豬心來的。豬心是我幼年的豬內臟啟蒙師，它的肉質柔中帶勁，咀嚼間肉香滿溢。幼年吃的豬心是整顆與人參清燉而成，上桌前才撈起切片回浸在參湯裡吃，不僅滿口肉香，肉汁調和了人參的微苦，使得人參特有的回甘中多了層層鮮甜；純粹的參湯發澀略苦，所以人參燉豬心反而更受歡迎。

母親為了讓孩子願意吃補湯，豬心是要燉至全熟的，不可能帶血色，下鍋前更是要清除殘餘血塊乾乾淨淨。

這樣的豬心讓我驚豔到內臟的獨特肉香，往後凡是豬心料理——沙茶炒豬心、滷豬心，尤其黑白切豬心，一律欣然全收，都是最愛。

有趣的是，店家對豬心的詮釋方式各有巧妙。

大稻埕米粉湯是客人點用時切片回鍋燙約三十秒鐘起鍋，剛剛好全熟的瞬間，在板前如送出握壽司般近距離快速交付——握壽司須三秒之內吃掉——客人可以第一時間體驗豬心全熟卻最嫩的狀態。

而店面規模大如高雄阿進切仔麵，從切片復熱到端至客人面前，最嫩的瞬間稍有延

黑白切小菜煞是貼心，分量可客
製化，熟度口感也能悉聽尊便。
（高雄鄭家切仔麵）

遲，肉質微微喪失了一小部分的濕潤度，呈現的是較為爽脆的口感。

相隔幾步的鄭家切仔麵的豬心上桌前也會復熱，但只汆到九分熟，吃起來兼具嫩、脆、韌三種口感，算是少見的險招。

介於大稻埕米粉湯與阿進切仔麵之間的是萬華的珍珠餛飩，狹長的店面幾乎人人都要面壁而坐，熟客卻毫不在意人滿為患的尖峰時間不舒服的空間。可惜，近年遇到疫情加上缺工，珍珠餛飩只保留麵與餛飩，耗工的黑白切全數盡無，今生再也吃不到它家柔嫩鮮香的豬心。

名震豬心界的阿明豬心則是生鮮切片隔水加熱，吃起來鮮甜有加，走的是剛剛九分熟的路數。這樣的作法其實風險很大，一來豬心必須清洗乾淨，免得殘血留下餘味在湯汁裡，二來豬心必須十分新鮮，因為心臟是處理血液輸送的器官，大量的血液也容易加速腐臭，貯存與保鮮格外重要。

主打消夜場的台中第二市場炕肉天王李海滷肉飯的豬心湯也是絕美。下午四點開賣，做滿十一個鐘頭凌晨收工，包括豬肝、豬心在內的所有豬食材，都是正午前就在現場清洗烹製，現點現煮的豬心湯又嫩又脆爽，半絲腥氣都沒有，高湯清鮮甘美，原來炕湯時放了大把鮮筍絲，淡雅的滋味與炕肉的濃口形成鮮明對比，也抹去夜裡大啖五花肉的罪惡感。
然而每隻豬每顆心燕瘦環肥大小不一，就算是同鍋烹煮也得分開照料，可以說，煮心是一門難以言傳的祕密法門，既然難以言傳，只能憑藉廚藝天分與經驗自己揣摩。
真可謂「誰知盤中心，片片皆辛苦」。還不只辛苦，如果找不到傳人接手，密技就永遠消失在宇宙之中，唯有等待下一次天降神人……
有形的才可以訴諸文字，無形的永遠只能靠心領神會。這讓我聯想起日本天婦羅名店「是山居」早乙女哲哉的「四十五度C」炸蝦神技；蝦身炸至外圈香酥，咬開後蝦芯留有一小圈半透明的未熟狀態，完全是掌握漿粉下油鍋到起鍋僅短短二十秒的精準操

豬心是矜貴的菜色，大宴小酌兩相宜。全熟散發濃醇肉香，肉質脆嫩中又帶有彈性，八九分熟呈現微韌略脆耐嚼卻不柴。（上圖涼州街米粉湯，中圖大稻埕米粉湯，下圖嘉義黑人魯熟肉）

作。但，早乙女哲哉憑藉的另一個關鍵是聽聲音下判斷，烹煮或汆燙豬心卻無從聽音揣度，應該是更難熟練的密技。

旁邊的大姐忽然跟老闆娘對談起勁，語氣高亢，「我都已經搬走二十多年了，還常常回來吃捏。」一聲稱自己已經七十的她顯然是熟客中的熟客，這句話根本是在嗆聲，炫耀她比大家幸福，吃得比大家久也比大家多很多。

說真的，我誠心佩服她，也好羨慕她比我更早有機會吃出內行門道；見她加點什麼，就通通跟進，再來一輪。

賞味處

- **大稻埕米粉湯**

地址：103台北市大同區重慶北路一段26巷15號

營業時間：08:30-15:30，週日休

- **阿明豬心冬粉**

地址：700台南市中西區保安路72號

營業時間：17:00-00:00，隔週休日、一

電話：06-223-3741

- **阿進切仔麵**

地址：803高雄市鹽埕區瀨南街148號

營業時間：09:00-20:00，週一休

電話：07-521-1028

- **鄭家切仔麵**

地址：803高雄市鹽埕區新樂街201巷5號

營業時間：08:00-15:00

電話：07-561-0706

肝啊肝，一定要柔嫩

黑白切的粉肝如膏如脂，軟滑鹹鮮。
台菜館子裡的煎豬肝吃的是外脆內嫩，醬汁甜鹹均衡。
炸豬肝是另一種大人味，但大人卻未必愛；
地瓜粉漿炸得表面酥脆，厚切的豬肝內裡剛剛接近全熟，
膏脂凝結成粿糕的口感，在口齒間散發肝臟特有、
近似野味獨具的血氣，把我帶回山林間，
那個為果腹與獸鬥智鬥勇，食物得之不易的狩獵時代。

白切豬肝追求的嫩是綿柔粉嫩，和豬心的軟嫩不同。上乘的粉肝煮得半生不熟如膏脂，輕輕用舌頭往上顎一頂就化於無形，滿嘴散發濃郁的脂香，無異於上乘的肥鵝肝，又比雞鴨肝滑腴。

但有人偏偏說這樣的粉肝是脂肪肝。幸好餐桌不是解剖台，只要能通過肉販法眼與店家良知的檢驗，我深信盤子裡的粉肝健康無比。

肝料理絕對是大人味。小時候我是不吃任何肝臟的，豈知年長後肥鵝肝、鴨肝醬、滷雞肝、肝燉、膽肝、肝腸、煎豬肝、白切豬肝、麻油豬肝……吃得不亦樂乎。但很多人喜愛的炸豬肝，我則吃不習慣，因為油炸需要高溫，既要控制高溫又要控制時間，炸豬肝很容易半生不熟，令人吃得心驚驚。而且炸豬肝不能切太薄，進高溫油鍋外表馬上乾硬。切得厚實些，炸好的豬肝內部仍軟嫩，將熟未熟中滲著血氣，不同於粉肝的生嫩是泛著脂香。然而也有難得令我敢於入口一試的炸豬肝，基隆夜市二十四小時營業的鹹粥就將豬肝炸得剛剛好全熟，又保留恰到好處的軟嫩。

最愛黑白切豬肝，其次薑絲清豬肝湯或麻油豬肝湯，台菜煎豬肝吃的多半是調味與火候，豬膽肝好吃但有點像買樂透，有的發苦有的回甘。白切豬肝和豬肝湯最能吃出粉肝的柔嫩與原味，但肝臟組織都是血管，也都是血液，卻不能清洗才下鍋，不新鮮就是鐵鏽味與腥味。

豬肝湯吃的不是滑嫩，而是脆嫩。見湯冒煙上桌，趕緊跟時間賽跑，將豬肝片統統撈起來另放，這樣更能確保豬肝又嫩又脆。薑絲豬肝湯要用嫩薑絲，也不宜太多，但別放酸菜，就要吃豬肝原味、高湯清鮮和嫩薑的微微嗆味。絕對不能用老薑母，纖維太多嚼不爛不說，辣度過高會麻痺了舌頭。

母親曾學做一道醬油蒸肝。將調味適當的醬汁灌入肝臟大血管，然後用手緩緩輕輕按摩揉動，讓醬料流散遍及細小血管，最後用繩子綁緊大血管開口，整副豬肝入鍋蒸到熟透。吃的時候要等蒸肝涼透切片。口感類似膽肝，味道與滷水豬肝類似，但不知道是否因為按摩過，口感比滷水豬肝嫩很多。這兩道豬肝菜都很下飯，而且越嚼越香，能吃出和白切豬肝完全不一樣的滋味。但實在費工，從此絕跡於母親的廚房。

古早味台菜的肝燉，吃的也是豬肝的嫩，只是用的是處理過的豬肝泥，作法如法式鴨肝醬，肝臟擣泥調味後用容器塑形，烤或蒸熟。不同的是，法鴨肝醬涼吃，肝燉卻是熱騰騰的大菜，裡面還加了肥肉、雞蛋等等許多配料，蒸好滑嫩如豆腐。關鍵在於豬肝要先以水龍頭走水，沖去殘餘的血水，而豬肝要柔嫩忌煮太久，於是要加入雞蛋、板豆腐當軟化劑。肝燉蒸好後外觀依然像熟豬肝，但色澤不佳，因此上桌前還會淋上勾芡的

粉肝涼菜入口即化，在唇齒間留下久久不散的濃郁脂香，處理手法獨步全球。（台北凱紅鵝肉擔仔麵）

五色蔬菜配料當圍邊裝飾，吃起來如羹湯，豆腐、雞蛋淡化了臟器的味道，老少咸宜。但也實在費工，一般家庭不會做，坊間餐館做不來。

另一道工序複雜的豬肝料理是煎豬肝。將豬肝切片後醃漬佐料，過油快炸至外表酥脆，再回鍋用醬油、糖為主的醬汁翻炒收汁勾芡而成，是小有講究的餐廳菜。台中人喜好油炸小菜，好小子擔仔麵不是大餐廳，卻把煎豬肝做出青出於藍的新高度，主要是醬汁減了甜度也不勾芡，吃起來不容易膩。

市面上的黑白切小店通常很少供應白切粉肝，比較多切片汆煮，做湯或乾吃。豬肝本身臟器味濃，乾拌吃通常會添加許多調味與配料，有些店家直接做成麻辣口味，頗受歡迎，但我可惜它搶奪了粉肝脂膏的優點。

粉肝如脂如膏，美味入口，如奶油在陽光底下緩緩融化，真幸福啊。

另一道獨步全球的煎豬肝各家都有其微調過的細節，唯一共通保留的特色就是豬肝外脆內嫩，讓人拍案叫絕。（台中好小子鵝肉擔仔麵）

賞味處

・鄭家切仔麵

地址：803高雄市鹽埕區新樂街201巷5號

營業時間：08:00-15:00

電話：07-561-0706

・凱紅小吃店（鵝肉擔仔麵）

地址：104台北市中山區中原街127號

營業時間：17:00-22:00，週日、一休

電話：02-2586-4746

・好小子鵝肉擔仔麵

地址：407台中市西屯區大墩路971號

營業時間：11:00-01:00，週二休

電話：04-2327-0449

・基隆廟口42攤—鹹粥

地址：200基隆市仁愛區仁三路42號攤位

營業時間：24小時，每兩週的週三、四休

豬舌喉與管頭

黑白切自有江湖術語，
不完全等於解剖學的器官名稱。
不直接把動物或器官名稱搬上餐桌，
是餐桌上對動物奉獻生命的禮讚。

黑白切賣豬雜，也有法國人的優雅修為。

據說若不是法國人，英美世界至今仍會在餐桌上說吃豬、吃牛、吃某某動物，而非豬排、牛排或某某排。法國人認為不可把動物的名稱直接冠在食物上，會大大影響食慾與用餐的美感。黑白切不完全直接以器官命名，也算有同等的優雅。

豬舌，不會叫豬舌頭，端上餐桌的豬舌分為舌尖、舌體和舌根，所以，豬舌喉想來就是舌根再更靠喉嚨的部位。豬舌主要的組織是肌肉，沒什麼結締組織，也無骨、無筋膜、無韌帶，喉嚨本身又是個更柔軟的地方，所以豬舌喉的口感比舌體更軟嫩，只有少許韌帶，但不是臉頰肉那種帶有韌性的筋。

豬舌喉的韌帶纖細，稍有彈性。其實，腱、韌帶和筋膜都是由膠原蛋白組成的軟組織，之所以吃起來韌勁兒有別，是因為生長的部位不同與作用不同，纖維長短粗細不同。這好比同為肌肉，長在小腿肚上的豬腱與胸腹上的肉感差別很大。

愛吃豬舌的人多半喜歡較寬的舌體，軟中帶一點脆，而舌尖則整體來說是脆中偏硬，大概是因為舌尖運動量也大吧。然而，豬舌有許多人不敢吃，更遑論豬舌喉。如果不用解剖學觀點來理解，它其實可以算是廣義的頭骨肉，甚至有許多店家根本就將它混在頭骨肉裡面，叫嗜吃頭骨肉的饕客毫無懸念歡欣下肚。

管頭，是黑白切的江湖術語，位於氣管靠近上顎與喉頭銜接處，有環狀的軟骨與平滑肌，兼具軟骨的脆與彈性。這裡的組織是軟骨夾雜一些肌肉，軟骨屬於脆口型，必須使出點力氣咀嚼，有少部分其實很難吞下肚，不過少許附著在軟骨上的嫩嫩的肉倒是很容易撕下來，頗類似吃豬耳朵剔骨。

但恐怕歲月再增長一點，便再也無法將管頭的軟骨毫不費力全數下嚥。吃美食好比旅行，需趁著身強體健及時行樂。

想品嚐一頭豬各個臟器的滋味，到阿進切仔麵可一償夙願。除了稀罕豬雜如豬舌喉、管頭，這裡還有少見的豬牙齦，就連豬舌也在菜單上分開標明豬舌、豬舌肉、豬舌喉，至於生腸，當然要與生腸頭有所區別，可以大大滿足愛吃鬼的無底洞好奇心。

高雄有三家老麵店，都在鹽埕區，一度沒落的鹽埕區在駁二藝術特區出現後，重新有了蓬勃生氣，老舊的崛江市場也換上新貌，不變的是市場周邊幾家小吃始終人潮不斷。阿進切仔麵生意越做越大，它的黑白切可說獨步全台，擺放的場面頗有台南香腸熟肉的氣派與潔癖，流露出店家與台南的身世淵源，而且青出於藍，品項繁多，豬雜種類該有的基本款和想像不到的驚喜款，要什麼有什麼。

阿進旁邊小巷內的鄭家切仔麵，在同樣潔癖的標準下，有著不一樣的風格，品類

豬舌肥厚無骨，肌肉組織兼具軟嫩爽脆口感，無油不膩。一條豬舌前後中段口感迥異，任君吩咐吃得有趣。（高雄鄭家切仔麵）

有限，但承襲著台南香腸熟肉按照人數切小菜的傳統，一人點餐不怕吃不到多樣化的小菜，也不怕吃太撐。

阿進的豬舌吃起來就是正常規格的熟度，全熟，乃至於咀嚼起來比較接近肉的口感，而鄭家的豬舌大約是八至九分熟，端上桌前入熱鍋回溫的時間極短，只有區區十餘秒，豬舌偏嫩脆，而不是肉質纖維感。兩家的豬舌都很新鮮，不一樣的口感各自美好，任君選擇。

喉頭肉其實也是舌根部分，但是比一般常見的舌根還要更多一些喉頭連接食道的部位。就構造來看，貌似頭骨肉，肉中帶筋，而筋則不像腿筋或豬腱子筋那麼韌而彈牙，是柔嫩的筋，混著肉一起入口非常老少咸宜。

煮到全熟的豬舌自帶滿滿肉香，而八、九分熟的豬舌脆嫩多汁，這樣的小小區別來自店家的細心，習慣大口吃肉、蘸滿醬料與薑絲咀嚼的客人，也恐怕比較不容易發現這樣的小心機。

鄭家的醬油膏很特別，是通透的琥珀色，味道淡雅不過鹹，薑絲也選細嫩的切，刀功很細膩，薑絲切得堪比鼎泰豐，這是另一個細心處。它的店面窗明几淨，一掃傳統麵店幽暗髒汙感，食物又細巧清爽，是我吃早餐的首選。雖說魔鬼藏在細節裡，價錢也藏在細節裡，一碗麵食要價五十五元，在高雄市區怎麼都不算平價，但如果拿來和台北市區相比，這樣的小吃仍是良心價，尤其切仔麵用的是雞高湯，清鮮更勝豬骨湯的濃醇。

相比起來，阿進走的是飽餐一頓的路數，一份黑白切是固定分量，目測起來可供兩人共食，一人獨食很難多點三樣。它的切仔麵、切仔米粉分量也算超大，裡面的豆芽菜與韭菜不只是點綴而已，作為正餐主食絕對能吃得飽，這也是阿進的貼心處，加上價格實惠，店面已經擴張到臨巷另闢座位區。

事實上，兩家老字號賣的都是品牌不是產品，各有清楚的品牌定位與價值，尤其是鄭家。鄭家營業時間從早上八點到下午三點，主打上班前與午餐後；阿進則從九點到晚上八點，包辦一日三餐。兩家切仔麵上的肉片也有差異化，雖然都是極瘦的瘦肉，但鄭家採傳統白切抹鹽入味，而且鹹味明顯，泡在湯裡吃很有存在感，能給麵條或米粉提味。阿進的肉片是滷過的，切片後外層帶著一圈醬色，鹹味比較不明顯，而是有一股日本拉麵的叉燒風格。這種叉燒風格的肉片，卻是高雄多數切仔麵的作風，至於原因是什麼，應該又是一則有趣的故事。

還有一則有趣的事：高雄所謂的米粉湯有兩種，一鍋煮的粗米粉是米粉湯，切仔米粉也叫米粉湯。台北通常會將帶湯的切仔米粉叫做湯米粉，與一鍋煮的米粉區隔開來。這類名稱大不同的例子很多，例如粉腸、滷肉飯，也是南北大不同。

反倒是黑白切與切仔麵本身的味道，南北差異並不大，正宗的切仔麵就是清湯、豆芽菜和韭菜、肉片，以及油蔥酥。千萬千萬別加上滷肉臊攪了清鮮。

豬事大學

什麼是管？什麼叫腸？名叫某某腸的，未必是腸子，譬如生腸其實是子宮頸頭與子宮頸角的合稱，子宮頸角也就是黑白切的生腸頭。那麼同樣是中空條狀的器官，為什麼有些稱為管？橫膈膜以上的中空條狀器官，通常在黑白切術語中統稱為某某管，譬如脆管（也稱咽管、白管）其實是主動脈，軟管（也稱黑管）是食道。

賞味處

- **阿進切仔麵**

地址：803高雄市鹽埕區瀨南街148號
營業時間：09:00-20:00，週一休
電話：07-521-1028

- **鄭家切仔麵**

地址：803高雄市鹽埕區新樂街201巷5號
營業時間：08:00-15:00
電話：07-561-0706

這個粉腸 Vs. 那個粉腸

粉腸是一團謎。

北部人說的粉腸，是指未翻面刮洗的豬小腸，

南部人說的粉腸，是豬小腸灌入小塊豬肉與地瓜粉漿，蒸熟後切片冷食。

為了避免點餐時產生誤會，最好先學會用閩南語發音。

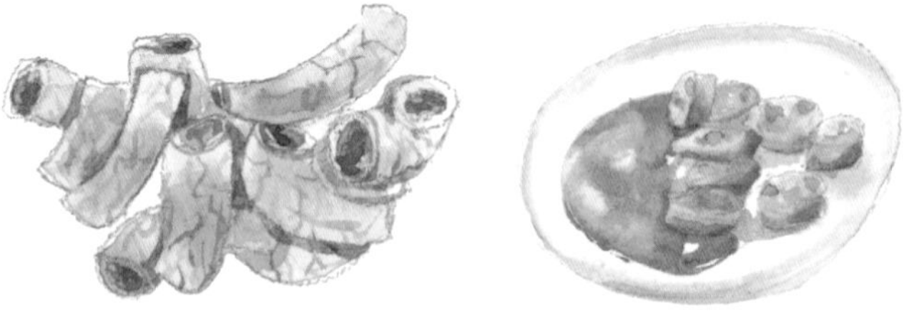

粉腸有兩種（至少兩種），最明確的區別方式就是用閩南語發音。豬小腸的前段稱為十二指腸，這裡就是餐桌上的粉腸，讀音作「hún-tng」。將豬小腸撐開灌入肉塊與粉漿，蒸熟切段上桌的粉腸，讀作「hún-tshiân」。也就是說，前者從器官名，讀音就與大小腸的腸字同音；後者意從香腸所以音也從香腸，與香腸的腸字同音，此時的腸已經不是器官而是容器了，因此不從器官名。

香腸的腸字有兩種讀法——「ian-tshiâng」與「ian-tshiân」，所以粉腸的腸字也可以讀作這兩種音。有店家特意將灌漿粉腸寫成「粉呇」，「呇」字望文生義，就是以水沖向石頭，閩南語正是讀作「tshiâng」，也就是「搶搶滾」裡面搶的正字，但「呇」好像與粉腸的製作方式無關，或者，是形容以水沖粉成漿的畫面？還有店家寫成「粉錢」，不但與灌製粉腸無關，更與錢無關，不過看到錢字，總是令大家開心，也讓無法區分兩種粉腸的人，可以正確發音點餐。

為了在文字上容易區別，這裡將「hún-tng」寫作「粉腸仔」，粉漿灌製的則保留「粉腸」的寫法。

如果不是遇到大盤肉商，我吃了很多很多年的粉腸仔都不知道它就是小腸本尊。當下驚嚇不已，驚嚇的關鍵點就是粉腸仔裡面的乳糜物。

從解剖學來說，豬小腸有三段：十二指腸、空腸與迴腸，粉腸仔就是十二指腸，上接豬胃下接空腸，而從空腸到迴腸，才是所謂的小腸。十二指腸內會有豬胃沒完全消化完畢的食糜，這就是粉腸仔裡面的乳糜物。

肉商說，不要怕，為了取到「好」的粉腸仔，宰豬前至少會讓豬隻禁食一日，防止粉腸內的乳糜物不要摻雜消化不完整的膽汁，「好粉腸仔的乳糜物是粉白乾淨的顏色，如果泛著黃色，就是摻到了膽汁，吃起來會苦。」摻到膽汁發苦也不是人人嫌棄，廣東、港澳就稱這樣的粉腸仔為苦腸，越黃越好，認為膽汁有清熱、祛濕、涼血功效，算是補品。青菜蘿蔔自來各有所愛，嗜吃者心目中的珍饈未必具有普世客觀性，而這一點不就是美食的世界最有意思的地方嗎？

我不愛黑白切的粉腸仔，不完全是疑慮乳糜物，而是比較不愛它偏軟糯的口感。但台中的老王客家庄餐廳有一味粉腸仔卻讓我驚豔。他家將粉腸仔切成適口小段，猛火油炸，外酥內嫩香噴噴讓人忘記乳糜的可疑感，上桌前撒上胡椒鹽，與炸肥腸同樣散發肉質油香氣。粉腸仔的質地比豬小腸更為軟嫩，如果是白切，連同裡面的乳糜一起入口，未免太軟糯一體，油炸就彌補了這個缺憾。

粉腸是南台灣黑白切的必備小菜，幾乎人人愛，根據灌入的地瓜粉漿與豬肉塊的比例不同，吃起來各家口感殊異。（台南清子香腸熟肉）

另一種灌漿粉腸，則是北中南各有巧妙創意。首先，灌入的肉塊與粉漿比例多寡，是蒸製後口感的決定性因素。其次，新竹以南至中台灣喜歡以肥一點的肉塊灌製粉腸，嘉南至高雄一帶則多半用的是瘦肉。除了口感，顏色也有從粉白、褐色、粉紅到紅的差異，褐色多半是肉塊較多所致。而粉紅或紅咚咚的粉腸，則是紅麴的貢獻，因為如果不著色，粉腸的外觀看起來有點白慘慘不討喜。

所幸顏色不影響美味。清子香腸熟肉的粉腸外觀就是偏粉白至淺褐色的，瘦肉比例偏高使得它吃起來越嚼越香。粉腸的灌漿用的都是地瓜粉漿，地瓜粉漿的口感軟而稠，如果不是肉塊加以調和，很難吃得出來Q彈。肉塊多一點自然粉腸口感就比較有彈性，可是肉多成本高，市場上自然會出現偏軟糯的粉腸。比較軟糯也並不是絕對的缺點，譬如牙口不好的人，就會偏愛以肥肉灌製或粉漿比例高一點的粉腸。

台南的香腸熟肉到了嘉義改名滷熟肉，菜色近似，但比較像黑白切與香腸熟肉的綜合體。嘉義兩家滷熟肉老字號菜鴨和黑人都是排隊名店，人龍都不是外來觀光客，可見是在地人很捧場的庶民美食。兩家店都有蟳丸，但也換了名字，改稱蟳糕，更容易讓人望文生義。蟳糕的配料是各家的巧思，在基礎的蛋、麵粉、肉、荸薺之外，有的添加蝦仁，有的改肉末為肥肉丁，有的加魚漿……光看這些配料，不論如何組裝都是好吃的保障。蟳丸或蟳糕可當作香腸熟肉或滷熟肉的招牌，沒有這樣小菜，好似彰顯不出店家的手藝。

和蟳丸、蟳糕一樣是招牌小菜的，就是粉腸。嘉義黑人魯熟肉還別出心裁自創旗魚腸，有一點和台南虱目魚香腸互別苗頭，但口感與口味不同，虱目魚香腸就像香腸，而旗魚腸偏粉腸，是軟嫩不膩的小菜。

大台北地區幾乎吃不到粉腸，很多人甚至不知道有這道黑白切。可是在南台灣，粉腸是黑白切必備的小菜，有趣的是，大家通常都會跟烤香腸或炸香腸一起點。烤香腸也是小腸灌製的，用的是全肉，差異只是肥瘦比例、香料搭配不同。南台灣的黑白切往往

都有粉腸、香腸，同時還有大腸米。顧名思義大腸米是大腸灌入米製成，灌的是糯米，沒有肉塊但有豬油蔥酥或花生，不是純素。和粉腸、香腸做成小三拼，根本就是一份吃得飽又吃得好的正餐了。

令人好奇的是，除了最前段的十二指腸——粉腸仔，黑白切幾乎不供應白切小腸，頂多只有小腸湯，通常稱為「腸仔湯」，而且腸仔湯就專指小腸，不可能是大腸、大腸頭、粉腸仔這類豬腸。

幼年時非常愛腸仔湯，不論薑絲清湯、酸菜或是四神口味，見到非吃不可。尤其薑絲清湯腸仔湯，早餐一碗提神醒腦，有時候加一小把粉絲同煮，馨鮮滿足。小腸不如大腸奶白好看，也不如大腸泛著油香肥嫩中滑Q，可是它薄而彈牙，看它被灌成香腸、粉腸時可以撐到這麼大，就知道其伸縮神功獨步江湖。大概是因為韌性太好不容易烹煮，把腸仔變成其他加工腸反而有更高的利用價值吧。說不定，正因為如此，反過來使得油湯擔上黑白切裡頭見不到小腸的身影。

在黑白切的江湖裡，小腸總是喬裝現身，是戴面具的魔法師，不以真面目示人。

賞味處

· 阿財香腸熟肉

地址：700台南市中西區友愛街206巷6號（康樂市場102號攤位）

營業時間：10:30-17:00

電話：06-224-6673

· 阿龍香腸熟肉

地址：700 台南市中西區保安路34 號

營業時間：10:30-19:00，週一休

· 老王客家庄

地址：403台中市西區五權五街73號

營業時間：11:30-13:30、17:30-19:30，週三休

電話：04-2371-4812

· 黑人魯熟肉

地址：600嘉義市東區共和路84號

營業時間：14:00-18:00，週一休

電話：05-225-6661

· 菜鴨滷熟肉（源滷肉飯）

地址：600嘉義市東區朝陽街95號

營業時間：06:00-13:00

電話：05-278-9797

大腸小腸變魔術

動物在變成人類食物時，
牠的腸胃與膀胱成了人類眼中天賜的容器。
長著相同腦袋構造的人，不論種族有志一同，
都很看重這些現成的容器，更進一步複製器官變容器的概念。
也多虧老祖宗們惜物精神，世人才跟著發揚這股節儉風潮，
雖然已經遺忘當年每一口食物都得來不易。

人類餐桌上的「腸」類加工品豐富得很。

華北人、韓國人、德國人還有北越人都愛吃血腸，將屠體餘下的血灌入屠體餘下的腸道內，最大程度保全動物性蛋白質滋養人類生命。廣東人吃肝腸，將豬肝削切成錐形條狀，中央開一刀塞入豬肥肉一大長條，醃漬、風乾，技術如製作臘腸，形色都類似香腸，吃起來卻別有另一番醇厚滋味。韓國人的血腸裡包了以馬鈴薯澱粉製成的粉絲增加軟Q，北越的血腸則以肉末提鮮兼顧彈牙。至於中國東北的血腸最是純粹，就是水血包裹在腸衣內，鬆軟易散，下火鍋最適宜。

基隆獨家特有一種豬肝腸，在一般的豬肉香腸內混入相當多的豬肝塊，半煎半炸當冷盤吃，外表看似普通香腸，入口後豬肝塊交纏著豬肉塊，兩種口感雙重滋味交相融合，越嚼越香，每一口都飽含鮮美的胺基酸。

香腸始於物資匱乏下的惜物創意，方便貯存容易腐敗的蛋白質，用來敬天祭祖，心意特別深遠。小時候餐桌上並不常出現香腸，因為只有逢年過節才會大量宰豬，才會大批灌製香腸。祖母與外婆都很會灌香腸，用的都是瘦肉條混合相當高比例的肥肉丁，而不是絞肉。

外婆是台南人，香腸稍微偏甜，瘦肉比較多一些。祖母是嘉義人，她做香腸肥肉幾乎和瘦肉一比一，五香粉下得很重，高粱酒也多，滋味非常特殊。有一次在圓環附近一家小型日本料理店吃飯，坐在板前與主廚老闆閒聊，他一開心說要請我吃小菜，端出來一盤黑黑的烤香腸，一吃大驚！「師傅你是嘉義人?!」他開心點頭，「你怎麼知道？」我跟他說，這個香腸又肥又鹹的味道只有嘉義人懂。

灌香腸用的是小腸，在台灣當然多數用豬小腸，歐洲則兼有豬小腸或羊小腸。小腸在動物體內占據的體積相當大，它彈性十足，耐擠壓、拉扯，非這樣不足以承受動物一日吞下肚子的大量食物，也非得彈性驚人才能有效攪打混合消化液與食物殘渣，進一步研磨、輸送到大腸，等候下一階段的處理與排放。

初識小腸是在四神湯裡。上幼稚園前，逢週末父親有應酬，母親會給自己放假，不做飯，牽著我和妹妹步行到不遠處的德惠街。黃昏時分，統一飯店到華國飯店的街邊是熱鬧的大排檔。靠統一飯店那頭有一家昂貴的水果攤，攤上總是一山一山整齊擺著紅通通的大蘋果。靠華國飯店這端的小攤子只賣四神湯和包子。

四神湯是什麼，當年我是不懂的，在凳子上坐下來，下巴還沒攤子高，老闆娘舀了一碗放在我眼前，天哪，乳白的湯飄來陣陣令人神清氣爽的馨香，我認得當歸的香味，不討厭，鼻子湊上去碗邊聞了又聞，想喝冒著煙的湯又怕燙到，正遲疑著，母親握著我

海角天涯各地人類有志一同偏愛以粉漿、豬血、肉塊或粉絲等等餡料灌製各種腸，起初是為了充分利用得來不易的食物，也為了保存與攜帶方便，演變日久遂成了各民族引以為傲的傳統食物。（台中河內美食成功店）

的手教我拿湯匙撈底下的好料，隨便一撈就是滿滿的小腸與蓮子，還有後來才認識的芡實、淮山、茯苓。那時的四神湯並沒有薏仁，也不像如今坊間幾乎只剩下薏仁，偶有淮山，但蓮子往往不見，芡實、茯苓更是絕跡數十年，原因很簡單，成本貴。

那時小吃攤的四神湯只有小腸沒有放豬肚，也不放瘦肉或大腸。幼時對豬肚是熟悉的，因為母親不愛煮小腸卻常常做豬肚湯。煮豬肚也極耗時費工，我猜想，可能豬肚是貴氣宴席菜的食材，而小腸上不了正式的檯面，懂得烹煮豬肚或許是廚藝了得的象徵吧。奇怪的是，多數的黑白切店家都不賣白切小腸，有些店家會供應小腸冬粉湯，但不單獨賣汆燙小腸。不知是烹煮費工，還是絕大部分的豬小腸都去為四神湯和香腸工廠效勞了?!

這個疑惑遇到基隆五層豬腸湯就更加費解了。套腸的作法大陳島有、北京菜也有，用的是大腸，但基隆五層豬腸是小腸連環套五次，為了套疊起來口感緊實，小腸內的脂肪幾乎都剔除乾淨，僅最內圈餘留少許肉眼可見的肥油，提供豐腴的滋味。五層豬腸可湯可乾吃，兩種都相當美味，既有內臟的原本「肉」味，又營造出嫩中脆爽的新奇口感。套腸費工，一口一個下肚，簡直感激涕零。簡單煠個小腸做白切就很好吃了，何必如此費心?!

人生頭一次吃到小腸，以為它是一種馨香滿逸柔嫩彈滑的內臟，從此愛上它也愛上四神湯，後來才知道這其實是個誤會。小腸是消化吸收食物的器官，殘積物甚多，氣味當然不好，清洗非常麻煩，而且豬小腸是人小腸的兩倍多——平均十五公尺，最多可以長達二十公尺！這彎彎扭扭的管道必須從內往外翻轉過來，才能將腸道內壁的黏液汙濁與餘味澈底洗個乾淨，光用想的就知道工序浩大，而且是個非常不討喜的苦差事。

至於只有小腸一半長的豬大腸，在華文化的餐桌上並不用來填塞肉塊，可能是因為它本身肥厚易膩，如果再加上瘦肉、肥肉恐怕膩上加膩。但怎能放過肥香的大腸？幸好有天降神人創意無限灌入泡發的糯米，有的還加入高熱量的花生，拌入油蔥酥，成了條狀米糕或油飯，小菜立刻變主食，容易攜帶保存，幾乎不需要復熱就能吃，無疑是自帶容器地表最強的環保盒飯，名之為「大腸米」、「糯米腸」（秫米腸）、「米腸」、「大腸圈」（大腸箍），在台南甚至直接叫它「大腸」——沒錯，點餐時建議外地人使用手指頭確認你要吃的是哪一種大腸。

同樣是腸道變容器，小腸灌香腸前要刮除小腸黏膜與肌肉軟組織，只留彈韌的腸膜，但灌製大腸米卻直接用豬大腸原型，借用腸道肥厚與腸道油花滋潤填充的糯米。大腸米大概是粗食細做的先驅，混入花生，添油脂又增香氣，吃起來口感多了更多層次。

常見的大腸米有兩類，一種帶醬色，另一種白皙。台中台客燒肉粥的大腸米屬於醬色款，加了頗多花生，最難得的是將腸衣與內餡的糯米煮得融合為一體，糯米糊化得黏度剛好卻不軟爛，牙齒可以輕鬆咬下不礙不黏，但其實糯米與花生米雖然綿軟卻還富有嚼勁，讓人簡直想用它取代招牌滷肉飯。基隆獨賣大腸米的孝三路大腸圈也是值得一試的醬色風，裡頭加了小蝦皮，和油蔥一樣有影無蹤。孝三路大腸圈冬天供應熱騰騰的大腸米，夏天改用常溫冷食上桌，冷熱溫差帶給糯米不同的口感體驗，貼心又有趣。

白皙款的大腸米少了醬色，油蔥酥也幾乎有影無蹤，卻能依然滋味豐富。台南阿財與芳仔香腸熟肉，還有高雄天下第一刀的大腸米，都是這類白皙款，比較不油，還切成片白泡泡的模樣清新宜人。吃著這樣的大腸米，我常想著，這種源自於台南的白皙款大腸米不但半點也不甜，反而特意凸顯淡雅的米香，足以證明台南人不是螞蟻人，怎麼還有人不信?!

大腸米可儉可豐，最簡單的版本只有糯米、油蔥酥，要豐富華麗就加上花生、肉塊、蝦米。好吃的重點是腸衣與糯米、餡料蒸煮至合而為一，味道合一，口感也不分你我，尤其腸衣切不要過於獨立堅韌。（上圖台中台客燒肉粥，中圖基隆孝三）。

將豬肝混入豬肉變化出滋味更香醇的豬肝腸，或許是借自廣東臘味肝腸的概念，但台味豬肝腸創造出自成一格的香腸新境界。（下圖基隆豬肝腸）

賞味處

· 基隆孝三路豬肝腸（純外帶）

地址：200基隆市仁愛區孝三路65巷口
營業時間：08:00-16:00，週一、四休
電話：02-2428-3630

· Hello Vietnam 河內美食成功店

地址：400台中市中區成功路92號
營業時間：11:00-20:30
電話：04-2221-1595

· 台客燒肉粥

地址：408台中市南屯區五權西路二段722-1號
營業時間：11:30-00:00，每月第四週的週二、三休
電話：04-2389-0880

· 黃記四神湯（慈聖宮）

地址：103台北市大同區保安街49巷
營業時間：09:30-16:00
電話：0922-042-742

· 天下第一刀（大腸米）

地址：829高雄市湖內區中正路一段19號
營業時間：11:00-18:00，週一休

· 孝三路大腸圈

地址：200基隆孝三路99巷3號
營業時間：10:00-17:30，週一休
電話：02-2428-0579

生腸食用指南

自從有名醫表示天天吃生腸所以皮光肉滑，
原本在黑白切攤上只有少數內行人識貨的生腸，
忽然黃袍加身金光閃閃起來，成了大眾寵兒。

吃著吃著，忽然又有人宣稱，
生腸能養顏是因為它本就是母豬的生殖器官。
這一嚇，不少人望而卻步。

然而荷爾蒙終究主宰人類很多選擇，
戴著荷爾蒙的皇冠，生腸永遠是黑白切紅毯天后。

不論養顏的說法是傳聞或妖言，也無論有無科學根據，生腸不知不覺中已經在黑白切領域裡取得頭牌地位。也不知道是不是都圖謀著它的美顏傳說，敢吃的人視為珍饈。嗜吃者甚至講究起豬隻的年歲，在室未生育的是上品，幼嫩鮮脆。

不能計較豬隻的身分時，就斟酌起部位；同樣一副生腸，要吃就吃尾，因為生腸頭是與豬子宮相連的部位，比較粗韌，不如生腸尾幼脆。想同時比較兩者的口感，可以去涼州街米粉湯，這裡的生腸是熟客必點的搶手小菜，絕無橡皮感，細嫩爽脆、肉香四溢，可以拿來當作世上黑白切生腸的美味標竿。

在室未生育的生腸十分細小，非常細嫩咕溜，柔韌度類似粉腸外衣，只餘微微脆口。這樣的生腸如果拿來與嫩薑絲、細蔥絲、綠竹筍絲涼拌，很是宜人清爽。但在室生腸十分少見，因拍賣場青睞的豬隻絕大多數都是超過一百三十公斤的成年大豬。況且除非有特殊狀況，未成年的母豬，養豬場也捨不得出售。

好吃的生腸，脆得毫無窒礙感，純粹的脆，是豬內臟獨樹一格的口感，但不可過於潔白無瑕，應該是天然米白色帶著裡面一圈淡淡的赭色。過白總是令人擔心漂洗的藥劑是否沖洗乾淨。其實，生腸並無其他腸道或管道的異味或異形，配上荷爾蒙的美顏傳說，讓人更樂意心甘情願放入嘴裡。

生腸的脆可以靠汆煮的功夫得來，關鍵是冷水下鍋、不能久煮。因為作為器官時功能神聖潔淨，生腸洗起來輕鬆多了，冷水入鍋滾十分鐘就關火稍微悶五、六分鐘，這樣的生腸起鍋切盤，不論豬隻年歲生育與否都不辜負它脆腸的別號。或許也因為愛生腸的脆，只有少數小吃店會將它做成熱湯，稍微浸泡恐怕吃不到脆口而多了韌性。

人生第一次吃到的生腸是涼拌。那時從台灣味聚集的晴光市場搬到東門市場附近，這裡有許多政府官舍與三軍將領的宿舍，外省口味繁多，也令人開了眼界。東門市場的熟食攤有很多稀奇的食物，譬如涼拌生腸、八寶辣醬、捆蹄、墨魚大㸆、山東大豆腐。爽脆的生腸與小黃瓜相得益彰，脆爽加倍，調味是簡單的鹽與香油。

那時還不知道羅媽媽米粉湯，因為它家在窄暗的羊腸小巷，小巷頭是撞球房，我根本不會走進去。直到撞球房搬走換成服裝委託行，我才因此走進米粉湯、白切生腸與黑白切小菜家族的圈子裡。

不獨台灣，香港、廣東都愛吃生腸，方式不同而已。香港做成滷水或滷串，是尋常街頭小吃，這樣的生腸滷串通常被染成鮮豔的橘紅色，不知情的外地人真不知道它是什麼。廣東用辛香料、辣椒爆炒切段焯水過的生腸，做成重口味的快炒熱食。

廣東粥將生腸煲粥，也會為了一定程度保留生腸的脆口，將粥糜煮滾才放入生腸、

不要追求生腸潔白如洗，乳白微
微散發玫瑰粉才更自然。（涼州
街米粉湯）

粉腸、豬心、肝等配料熄火燜熟而已。更升級的作法是經典粵菜的焗生腸砂鍋「啫啫煲」，將生腸切花刀分段，焯水近乎八分熟，砂鍋內燒熱油爆香蔥薑蒜辣椒，快速倒入生腸蓋上鍋蓋「焗」不到一分鐘後略略翻炒即刻起鍋，脆爽之外多了鍋氣噴香，這樣的生腸絕對上得了宴席。

其他地區的華人也拿生腸做碳烤，先將生腸焯到八、九分熟才下醃料碳烤。碳烤和快炒會使生腸凸顯嚼勁，這就是青菜蘿蔔都有人愛的美食定律，沒有對錯也無好壞。唯有一個標準不能退讓——食材本身的味道不可以被調味料全然掩蓋掉。白灼焯熟也好，砂鍋焗煸、猛火快炒也好，不論嫩脆還是彈脆，生腸必須保有生腸原本的滋味才好。

賞味處

・賣麵炎

地址：103台北市大同區安西街106號

營業時間：07:00-14:30

電話：02-2557-7087

・涼州街米粉湯（無名涼麵）

地址：103台北市大同區涼州街1-5號

營業時間：06:00-14:00，週一休

電話：0953-860-928

・羅媽媽米粉湯

地址：100台北市中正區信義路二段87號（東門市場新館17號）

營業時間：07:00-15:00，週一休

電話：0937-973-798

脆管軟管、黑管白管，啥東東？

按黑白切的江湖術語，
豬隻橫膈膜以上的管狀器官通稱為管，
橫膈膜以下的通稱為腸，
又根據口感給個形容詞冠在管字前面。
主動脈脆所以是脆管，食道稍軟所以稱為軟管。
那麼黑管、白管又是什麼？

餐桌不是解剖台，餐盤裡的東西是食物，只要吃起來好吃，適合自己口味，便好。若要追究，可能反傷及食慾。因此，黑白切的江湖術語將豬隻橫膈膜以上的管狀器官通稱為管，橫膈膜以下的通稱為腸，又根據口感給個形容詞冠在管字前面。主動脈脆所以是脆管，食道稍軟所以稱為軟管。那麼黑管、白管又是什麼？還有個管頭，究竟是哪個管哪個頭？

華人喜愛以形補形，唯一例外的恐怕是吃這些「管」不講究能補這個或那個管。

脆管韌而爽脆，不容易吸收作料的味道，本身堅強而獨立，辨識度很高。軟管的管壁構造複雜層次多，除了結締組織的「管」還有極薄的肉夾層，故而口感要脆不脆，但說是軟又不是非常軟，比起脆管有彈性得多，必須薄切才能避免咀嚼不爛。

既然是形容管的顏色，黑管比較近似軟管，那麼白管應該就是脆管。不過黑管並不很黑，是帶一點暗赭紅色，所以有人稱之為紅管。紅這個形容詞放在內臟上，總有別樣的聯想，因此還有人以部位精確度給了它一個更能望文生義的名字叫豬肚頭。可惜豬肚頭的口感質地都與豬肚有頗大的差別，而豬肚頭這個稱呼容易讓人想到食道銜接胃部的賁門，但確實也沒錯，豬肚頭就是賁門這個位置。也因此，又有人將軟管稱為豬肚帶。

若再考究下去，白管事實上也不是那麼白皙的，正常情形下它應該泛著米黃。至於為何市面上白管真是白，無非是顏色更討喜。它的口感像涮毛肚，都是本身不吸收味道的東西，牛羊毛肚的結構自然容易掛汁，不必多做處理，白管就不一樣了。不講求的店家剖半切成長方小片，講求的店家斜切成筆尖狀，更有店家用心良苦進一步將長方片刻花，都是為了擴大蘸醬時食物的表面積。

不知道別人吃白管時會不會像我一樣，老想到主動脈和主動脈剝離這兩件事。以人類來說，心臟平均每次打出去的血液為八十ＣＣ，那麼一天收縮與舒張處理的血液高達八公噸，主動脈非得強而有力彈性奇佳不足以擔任這個大任。邊咀嚼著爽脆的白管，想著它偉大又龐大的工作量，不禁指望著自己的心管也能因而更加強健。

軟管其實很常見，菜市場熟食攤的涼拌脆腸，有時候不是禽類的腸子，也不是豬生腸，而是豬軟管。耐人尋味的是，即使能以形補形，食道需要補什麼？食道其實很嬌貴，吃東西時只要稍一忘記細嚼慢嚥立刻就噎著，有時喝水吞太大口它就撐得發疼。煮透軟的軟管口感整個就像肉，比白管更有滋味。

黑白切界名稱最混亂的莫過於軟管與脆管。有些店家還多了一個硬管來湊熱鬧。硬管比較沒有爭議，就是脆管，至於是哪個部位的脆管，有的說是氣管，有的說是月亮骨。名稱經常惹爭議的是，有的店家說軟管等於脆管也等於白管，豬肚帶等於脆腸也等

白管就是心管、主動脈，無脂肪無骨，入口脆爽清淡，感覺不到內臟的高膽固醇，其實它也有少量脂肪，當然也有膽固醇。（台北羅媽媽米粉湯）

於紅管。

豬肚帶是食道，也常做成涼拌脆腸，這可以理解。但軟管等於脆管，真教人腦袋打結了。

賞味處

・阿進切仔麵

地址：803高雄市鹽埕區瀨南街148號

營業時間：09:00-20:00，週一休

電話：07-521-1028

・羅媽媽米粉湯

地址：100台北市中正區信義路二段87號（東門市場新館17號）

營業時間：07:00-15:00，週一休

電話：0937-973-798

・美華大腸圈（南機場夜市）

地址：100台北市中正區中華路二段307巷與305巷5弄的交叉口

營業時間：11:00-22:00，週一休、隔週加休週二

電話：0987-860-111

最血腥的場面，最鮮美的食物——米血Vs.水血

打扮妥當的小姐們點好餐，圍站在攤車旁，
老闆切米血或水血下鍋燙煮，
起鍋前撒一大把綠油油的韭菜，馬上拿起漏勺，
將米血或水血撈入淺淺的厚磁碗內，淋上一旁的豬骨熱高湯，
順手再加上一小匙的豬油渣。

小學有一段時間短暫住在承德路，上下學都得走民權西路。我的母校中山國小位置相當特殊，附近有許多風化場所。那時上全天課，大約下午四點放學，剛好是民權西路從林森北路到中山北路沿途酒吧營業前的「準備中」時間，上班小姐們紛紛來報到，一些小販便也將攤車停放在路旁，開張營業。

我第一次看見豬血湯就是這樣的場景。小攤只賣兩種豬血，米血和水血，兩種豬血都做成熱湯，已經打扮妥當的小姐們點好餐，圍站在攤車旁，看老闆切米血或水血下鍋燙煮，起鍋前撒一大把綠油油的韭菜，馬上拿起漏勺，將食物撈入淺淺的厚磁碗內，再淋上一旁的熱湯，順手再加上一小匙的豬油渣。老闆的動作相當快，我常佇立騎樓躲在柱子旁偷看，但是從沒看清楚他到底什麼時候加鹽巴，也沒看清楚他什麼時候夾了酸菜放進去。

端給小姐們前，老闆還會撒一點胡椒。這些漂亮美豔的小姐們踩著高跟鞋，站在路邊一小口一小口用鐵湯匙吃著豬血湯。

多惹人吞口水！

後來地皮漲了，大馬路邊的酒吧都往晴光市場周邊的小巷弄裡搬遷，豬血湯也不復見。那時候，除了跟媽媽去晴光市場買菜、磨菜刀，只會去中山北路邊的福利麵包買水果軟糖與小西點餅乾，幾乎沒有機緣深入流連小巷弄。

但是豬血湯應該長什麼樣子，卻成了難磨滅的印象。

豬血分米血與水血，那時候也弄得不十分明白。後來昌吉街出了個大大有名的豬血湯，漂亮小姐們的點心是何等滋味，我才有機會品嚐究竟。可惜，昌吉街豬血湯那時只賣水血做的湯。但也不可惜，滿滿青翠的韭菜，配著嫩呼呼的豬血，煞是好吃。湯裡除了油蔥酥還飄著美味的豬油渣。

童年的美味，比較像是家裡吃不到的新鮮感，尤其是忌食的不健康食物。日後昌吉街小店成了名，豬血湯配料繁多，但我仍獨愛一味就好，甚至覺得連酸菜都可以省略。

水血搭配少許豬油渣有相得益彰之妙。雙連捷運站旁的企鵝文把豬油渣用得很廣，米粉炒、大麵炒、豬血湯有它，涼拌豬血也有它，讓鮮味多了香氣；如果愛口味清淡可以請老闆少放醬油膏，口味偏重的可以加辣，至於酸菜，小心偏鹹。

豬血為什麼總和酸菜成雙成對？解膩生津，生津便能助消化。推測是這樣。

天然發酵的酸菜有著微微酸，那是咀嚼後與唾液混合才釋放出來的酸。坊間有太多酸菜過酸，過酸刺激唾液分泌過度旺盛，到底是讓味覺更敏銳還是操之過急呢？酸味多半有解膩消食功能，白肉火鍋因為有了酸菜才能大啖，或許豬血加酸菜也是這個原由，

豬血總是離不開韭菜與酸菜，隨著台灣富裕繁榮，水血煮成湯還能客製化加其他內臟配料，其中大腸、大腸頭最受歡迎，如果加上一勺麻辣醬，隱約就是迷你麻辣鍋的享受，卻省了呼朋引伴大張旗鼓。（昌吉街豬血湯）

只是不懂要解的是豬血還是豬油渣的膩。豬血於我，不膩啊。

成年後在基隆孝三路重逢童年的豬血湯，清鮮水嫩，湯裡照例有酸菜，若有似無的酸香偶爾飄移口中，美得毫不搶味。店家以冷食的黑白切名震江湖，大腸圈（我習慣稱大腸米）口感彈牙滋味乾淨，是難能可貴的減法美食，令我常寧可捨棄其他小菜，獨鍾愛一小盤大腸圈佐一碗豬血湯。

至於米血，後來滿街都吃得到蘸上花生粉、醬油膏、香菜末的豬血糕，但幾乎找不到賣米血湯的，只能吃火鍋時自己復刻一碗，腦補模擬幼年那個冒煙滾燙讓漂亮小姐嘟著紅唇小口吃著的米血湯。可惜，火鍋店不供應酸菜絲與韭菜，要完全複製往日情懷一定得在家做。

兩種豬血各有千秋。水血要入口咕溜滑嫩，煮的時候得加鹽，而且不能久煮，入高湯或麻辣湯泡煮，嫩如豆腐，一咬一口湯。米血宜用蒸的，米粒才會Q彈不糊爛，有飽足感，和糯米腸一樣可以當主食，尤其蘸上花生粉再裹上香菜末簡直神來一筆，天上人間獨此一味也死不足惜。

如今拜麻辣鍋所賜，水血處處可見，除了傳統的韭菜豬血湯，還增加了麻辣口味。米血幾乎是南部香腸熟肉的標配，當涼菜吃，清爽鮮糯，不蘸醬也有滋有味。台南人對蘸醬別有獨特想法，每家店都自己烹製、調味的配方，但共通點都是走清爽淡雅的風格，連蒜泥都是打成乳白漿狀，力求百分之百融入醬汁，有的還喜歡加入一點芥末醬，風味層次更多元。

其實，好的豬血，不論米血水血都是飽滿胺基酸的產物，本就鮮美具足。水血在烹煮時一定要加鹽，米血在凝固前也一定加了鹽，鮮鹹味已經足夠。豬血不新鮮容易泛腥，才需要佐料濃醬遮掩一番。

在台南吃米血我喜歡單吃不蘸醬，但在全台灣大街小巷吃豬血糕，一定要有醬有花

生粉有香菜，是的，還有香菜可多不可少。而即使包覆了香噴噴的外衣，好的豬血糕其實依然吃得出米香與胺基酸的鮮味。

飲食受限於個人體驗與習慣，這是無法討論的。人生的第一口米血是雞血糕，在祖母家每逢祭祀節日都會宰殺兩三隻自己養的雞，嫻熟庖廚技藝的堂姊們用單手就能抓來前一日相中的雞隻，一手抓雞一手執刀抹一下雞脖子，另一人拿飯碗裝三分之一碗白米，在雞脖子下方接緩緩流淌的雞血……幼年時看得驚駭莫名。接好的那碗米血火速送進灶腳柴火正旺的蒸籠裡，與數條五花肉塊一起烹熟。一出鍋，哥哥姊姊趕緊取來給最年幼的孩童吃，我和妹妹排行最小，妹妹太小沒興趣，我被勸進，那一口奠定了我對米血糕的鍾情不二與鮮度要求的最高原則。

最血腥的場面，最鮮美的食物。從產地到餐桌過程越短，食物越美。離開農業經濟時代後，資本興盛，極上鮮美有時卻是用極大資本也換不來。

賞味處

・企鵝文肉羹店

地址：103台北市大同區民生西路59號

營業時間：06:30-21:30；週一06:30-14:00

電話：02-2557-0354

・紅昌吉豬血湯

地址：103台北市大同區昌吉街46號

營業時間：11:00-21:00

電話：02-2596-1640

・阿財點心香腸熟肉

地址：700台南市中西區友愛街206巷6號（康樂市場102號攤位）

營業時間：10:30-17:00

電話：06-224-6673

・清子香腸熟肉

地址：700台南市中西區民族路二段248號

營業時間：11:00-20:00

・孝三路大腸圈

地址：200基隆孝三路99巷3號

營業時間：10:00-17:30，週一休

電話：02-2428-0579

以形補形——豬腦與骨髓

豬腦和骨髓是黑白切非常少見的小菜，
兩樣東西口感近似，多入藥膳以形補形。
其實清湯燉煮一樣清鮮，只是整治去腥的勞務太搞工，
或許小吃店負擔不了。
更麻煩的是這兩樣東西離了湯汁就失水，
也失去滑嫩。

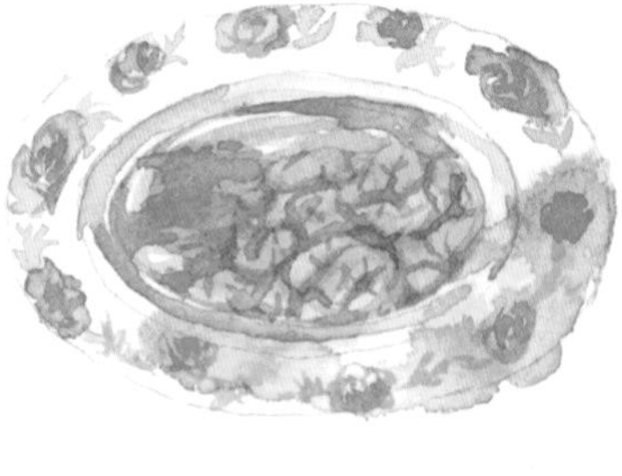

小時候不知道自己是過敏體質，鼻子經年過敏，導致頭痛暈眩。母親帶我看了醫生，中西醫皆有，卻從無人診斷出其實就是過敏。有位老中醫貢獻了很有創意的食療，要母親用天麻燉豬腦，以形補形，或許可以舒緩頭痛暈眩痼疾。

於是有一段不算短的時間，我每天晚上都要吃藥燉豬腦。母親曾說，豬腦的血絲一定要剔除得很乾淨，才不會腥，非常費工，但她並未以此繁瑣勞務來情緒勒索我非吃不可。事實上，第一次吃到豬腦，那個綿密的口感和著藥材清香，讓我完全忘記生鮮豬腦的長相。

在餐桌上，不能記著解剖台的情景。有次跟一位醫學系朋友一起吃飯，炸雞腿飯，整條雞腿被他用餐刀分割得十分俐落整齊。我忽然想到他日常課堂的種種，問他上完解剖課可曾失去食慾，他說許多同學會，但自己不會，「解剖台的事情屬於醫學，用餐屬於心理學。」真乃智慧灌頂。

記得第一次母親端給我燉豬腦時曾說，「啊～吃起來就跟骨髓一樣。」我知道骨髓，大骨炕湯啃吃骨頭時，總會吃到骨髓，只有那麼一點少少量，覺得很稀奇，自然也就能開懷接納了豬腦。

成年後發現，豬腦可以炒蛋，而且還是一道雲南名菜，試想滑嫩的雞蛋與綿密的豬腦結合在一起，蛋香彌補了豬腦無油脂的缺憾，豬腦彌補了炒蛋欠缺的綿密，入口卻又不分你我，煞是美妙，又滑又嫩又香又鮮。

黑白切攤上很少見豬腦與骨髓。我只在台中吃過一次乾的骨髓，離了湯汁的骨髓失去光澤，也失去水潤的綿密感。還是燉湯好吃。阿明豬心的骨髓湯是隔水燉煮，現點現做，要有耐性等一段時間，那湯汁帶著乳白色，湯汁喝起來有一點點中藥馨香，但沒有掩蓋高湯本身的鮮甜。

彰化素以肉圓聞名，其實炕肉飯更是一絕。縣府旁的阿章除了炕肉飯，還有好吃的肉臊飯和豬腦湯。它的豬腦湯用不鏽鋼燉盅裝盛，一小份一小份隔水燉成，湯很清，裡面只有一點點當歸與天麻，和幼時母親做給我吃的味道很相近。但母親煮的豬腦湯因為是一整副下鍋隔水蒸燉而成，湯汁非常清澈。阿章的豬腦經過分切，分切後燉好的湯會漂著少量的豬腦碎屑，幸好滋味依舊清雋鮮美。肉圓創意新店阿三肉圓把骨髓做成蒸蛋湯，也是隔水加熱，多了蛋的甘甜，頗有雲南人豬腦炒蛋的況味。

吃豬腦湯總會想起媽媽給我燉湯的往事。我雖愛做菜卻很膽小，不太敢觸摸生肉鮮魚，有時鮮蝦剝著剝著就毛骨聳然起來。豬腦根本是絕跡於我廚房的東西，坊間有商家不辭辛勞製作這樣的湯品，感激不盡。

賞味處

・阿明豬心冬粉

地址：700台南市中西區保安路72號

營業時間：17:00-00:00，隔週休日、一

電話：06-223-3741

・阿章爌肉飯

地址：500彰化縣彰化市南郭路一段6號

營業時間：11:00-13:00、16:30-00:30

電話：04-727-1500

・阿三肉圓

地址：500彰化縣彰化市三民路242號

營業時間：10:30-19:00，週一休、隔週加休週二

電話：04-724-0095

Part 3

台灣小吃真義與職人精神

日以繼夜

黑白切職人的初心——女王號米粉湯

阿嬤的住家就在攤子後小巷邊，
原本在這裡擺攤賣的是涼麵，單一味涼麵，配味噌湯，
可加蛋或不加蛋。簡單好吃，被譽為涼州街無名涼麵，
其實，至今改賣米粉湯也依然「無名」。
舉凡敢以無名闖江湖者，最能威懾食林，台北舊城區無人不知。

說是三代女王並不為過。這是一攤由女性獨撐一片天的小吃店。

第一代女王阿嬤性格颯爽，筋骨靈活，能獨力撐起整攤的體力活兒，米粉湯、黑白切外加涼麵的前製作業，一手包辦，獨自摸黑起早，凌晨一、兩點開始上工。第一個步驟用豬大骨炕湯，這鍋清鮮的高湯是米粉湯好吃的祕密。說穿了，唯一的祕密是鮮宰的豬大骨。這一點和黑白切美味祕訣沒兩樣。

只是，要趁豬肉最新鮮的時刻下鍋，就必須比別人勤勞，不貪睡。

阿嬤已經八十多歲，但兩隻眼睛炯炯有神，穿著雨鞋，在攤頭忙來忙去，一盆又一盆煮著豬肉、內臟，一邊還要顧著火候別讓米粉湯燒焦，不只眼明手快，手腳也要十分靈活。

傳統的小攤子講究不了動線設計，只有一個水槽，外加一支水龍頭，洗地兼給汆燙好的豬肉、內臟降溫保鮮，她一下子彎腰抬起已經放涼的食物，一下子快蹲在地上，控制龍頭水量，讓剛剛好的水漫過這些即將成為黑白切的食物，在緩緩的活水盆內慢慢降溫。

看似凌亂的現場，作業流程與動線已經內化在四肢上。先炕大骨湯，一天得四頭豬的大腿骨才夠。有了大骨湯做基底，阿嬤開始煮米粉。純米的四號粗米粉得最少先炕兩小時才會軟化入味口口生香。

牆上有個大大的時鐘，阿嬤時不時歪過頭去瞄一兩眼。她用心在記著什麼快煮好了，什麼要趕快撈起來。撈起的各種黑白切要分開盛裝，走水降溫並適時瀝乾，放入玻璃櫃。等米粉煮得差不多軟化入味，阿嬤取出油豆腐，沿著米粉鍋整齊擺放成一圈。

油豆腐是紅牌暢銷品，很多年輕上班族的早餐就是一碗米粉湯配一、兩塊油豆腐，真真是銅板價。「物價上漲，很多年輕人早餐捨不得吃肉……」阿嬤蹙眉說道。聽了很心疼，但仔細一想豆腐有蛋白質，米粉有大骨湯，還算營養。尤其天涼清晨喝一碗熱米粉，精氣神都來了。

第一代女王說起往事，嘆了十幾口氣，但是問她怎麼這麼早起，卻又說，「啊就反正也睡不著，不如起來做事，」她邊說邊笑，「偷偷告訴你，不要小看做小吃，我娘家都在賣涼麵，每個都買好幾棟房子……」口氣很是得意，大眼睛閃現驕傲的光芒。

一人中央廚房

天很黑，竟然有客人三點多就上門。這位歐吉桑是小黃駕駛，剛下工，回家睡覺前

來充電。他幾乎天天來，只是時間不固定，但都是阿嬤的頭一位消費者。作為無人可敵的第一號忠實客戶，駕駛大哥也懂阿嬤獨力親為的辛苦，而且根本完全沒空招呼他，於是，他幾乎自己動手來。

阿嬤一個人處理攤上一日所需的全數黑白切，這情景簡直是一人中央廚房。

女王阿嬤的住家就在攤子後小巷邊，原本在這裡擺攤賣的是涼麵，單一味涼麵，配味噌湯，可加蛋或不加蛋。簡單好吃，被譽為涼州街無名涼麵，其實，至今改賣米粉湯也依然「無名」。無名，依舊威震食林，台北舊城區無人不知。

「只賣涼麵冬天或天氣冷，生意就變差，才開始賣米粉湯。」阿嬤說，從賣米粉湯就開始大忙特忙起來，因為米粉湯的標配就是黑白切，清洗整治烹調黑白切，每個步驟都有眉角。

「我不怕，我都會，我以前在餐廳廚房幫忙過，我知道怎麼煮。」

聽阿嬤講解各種肉類、內臟的烹煮方式，覺得非得另外讓阿嬤出一本專書才行。黑白切看似簡單，其實工序樣樣講究精細，哪樣東西先下鍋，之後的順序是什麼，還有什麼可以跟什麼一起下鍋，阿嬤也把一大番道理講得頭頭是道。

不簡單，也真是極其搞工。不能一鍋煮到熟嗎？

「袂使！」（不可以）她斬釘截鐵瞪了我一眼。

真的顛覆我對黑白切的粗淺概念。

問她詳情，手腳眼睛半刻沒停的阿嬤說，「看我做，你就知啊，」她正開始清洗豬心，手拿鐵湯匙，用匙柄劃開豬心切割口，在流著活水的盆裡，挖除豬心心房心室裡的血汙，一邊叨叨唸著，「閹豬公的心比較好吃，而且大顆，一份豬心有十片，才賣六十，如果批來的豬心太小顆，就賠錢了。」豬心裡裡外外澈底洗得乾乾淨淨後，還要剪掉豬心頭連接的主動脈頭，「這個韌巴巴的，不好吃。」啊，這塊不就是大稻埕米粉湯說的豬心頭?!

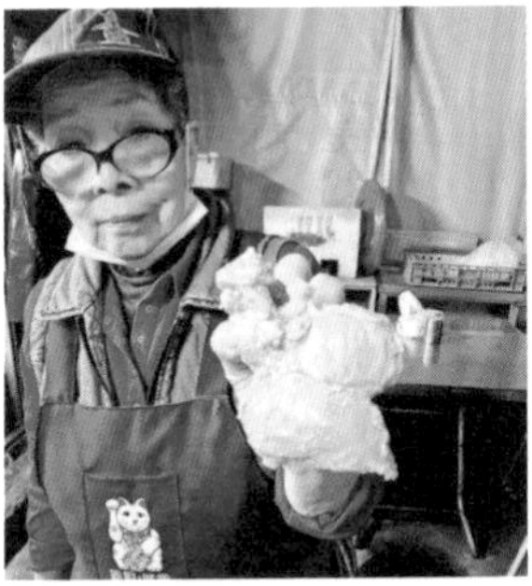

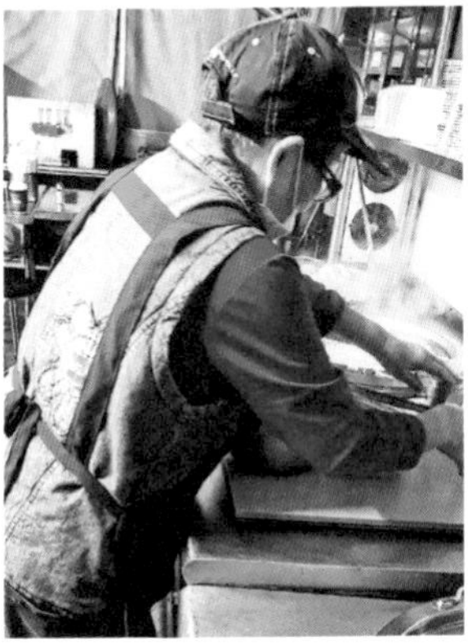

批來的豬心是秤重的，肉商給的豬心來的時候一大塑膠袋，沒寫明有多少顆，也沒給出貨單，阿嬤倒出來時先詳細數了兩遍，默記在心，「我不會算數，文盲也不會寫字，但是我記性好，每一樣東西要算好，不然怎麼跟肉商算帳？」她的確拙於計算，客人買單問她多少錢、找多少錢，她不是算很久就是算錯，最後都是客人自己算好自己找錢。

爐上兩口大湯鍋，米粉隔壁的鍋裡煮起各部位的豬肉與內臟。阿嬤說要先煮肝連，接著依序分開烹煮嘴邊肉、豬心、脆管、軟管、粉腸，然後是生腸、大腸。每一種內臟、豬肉，都必須分開汆煮，有些煮得時間長，有些短。難怪阿嬤做的黑白切味道很乾淨，每個部位的滋味都不同。

豬心終於整治滿意可以下鍋了，阿嬤叫我幫她先將湯鍋裡的臉頰肉撈起泡水降溫。她特別叮嚀再三，「喙顊肉總共有十顆，不要漏掉，不然等一下煮過頭太軟也不好吃。」喙顊肉就是嘴邊肉，也稱菊花肉，吃的就是筋肉交雜紋理如菊花的好口感。

我拿起大湯勺探入湯鍋裡撈了又撈。湯勺的長柄實在不夠長，看起來不怎麼深的湯鍋其實非常深，裡面像無底洞，又燙手又滑手，一不小心手背燙了、高湯濺起來了，都是防不勝防的意外。

喝著幸福的米粉湯，吃著美味黑白切

但撈著撈著，那鍋高湯聞著噴香，越聞越餓。我聽到肚子傳來響亮的咕嚕聲，阿嬤忽然大聲說，「我弄點喙顊肉和豬肝給你吃！」她立刻快步走到攤前，從玻璃櫃裡取出事先做好的臉頰肉，切了一盤，又轉身去切生鮮豬肝，現切現燙。純米製的四號粗米粉咕溜咕溜的，濃濃米香魅力無法擋，吃進嘴裡飽含鮮甜的高湯，若不是燙口，簡直想直接捧起碗來大口吃。

「為什麼米粉要另外用大骨湯煮？」

「大骨炕的湯比較清，米粉煮起來不會濁濁的很難看。」阿嬤喜孜孜給我切了一些齒岸——豬牙齦，也稱豬雪花。她煮的齒岸比較軟，很好吃。

但是氽煮豬肉與內臟的另一鍋湯也不能浪費，阿嬤說煮肉的湯會有很多浮末，要不斷撈掉，等到快開店時，她就會撈起表面帶有油花的湯，放入旁邊一只小鍋，在這只小鍋裡攪入鹽巴，做成鹽水湯，「米粉湯的調味就是這樣而已。」

阿嬤示範給米粉湯調味，外行人根本搞不懂分量比量怎麼拿捏，可是阿嬤輕鬆自在用小湯勺酌量一瓢兩瓢，俐落拌入滾燙的米粉湯內攪勻。

這麼簡單，卻又這麼複雜。

「阿嬤，既然這麼忙，乾脆不要賣涼麵了啊！」喝著幸福的米粉湯，吃著美味黑白切，我白目拋出個蠢問題。

「袂使！」又劈頭一句，毫不遲疑，「安捏老顧客要怎麼辦？」阿嬤解釋，因為米粉湯生意出奇好，吃涼麵的客人自然變少，但仍然有許多客人指名要吃，畢竟，可以吃涼麵配黑白切的店少之又少。

阿嬤說涼麵的利潤比較好，人工成本低，她也可以比較輕鬆，可是怎麼辦，現在主要的顧客都是衝著米粉湯、黑白切來，她更不可以讓客人失望。

駕駛大哥離去後，不久來了一對小帥哥，流利的點了肝連、嘴邊肉、油豆腐和米粉湯，開心大啖。他們熟門熟路將小摩托車就停在攤前。我聽著兩人說起外語，一問才知小帥哥是越南人，「我們來台灣一年了，十八歲就來。」難怪很懂怎麼點怎麼吃。

「我們越南也吃這些東西，只是醬不一樣而已。」

差點忘了越南可是米線大國，台式米粉湯只是將牛高湯換成豬高湯，滋味是同等鮮腴的。最厲害的是，兩人住在蘆洲，卻頂著滿天星辰過河跑來柴寮仔這邊吃米粉湯。我問他們，「蘆洲不就有很多切仔麵黑白切？」兩人對看一眼笑而不語。

天色漸漸魚肚白，客人陸續上門，可是阿嬤還在一人獨撐大局。第二代女王還不見身影，第三代女王理論上七點前該上工，今天遲到了。客人越來越多，阿嬤對每個人都說，要等我一下，我實在太忙了。客人一律異口同聲說，你慢慢來好了，沒關係。

這情景，像極了家裡的阿嬤在忙著煮飯，叫我們等她一下下。我忽然想起童年往事，外婆做冰棒給我吃，我急著不停去開冰箱看冰棒結凍沒，她只好把冰箱鎖上。

其實所有的阿嬤一旦在煮好料，誰都願意等，誰也都等不及想趕快嚐到。

賞味處

・涼州街米粉湯（無名涼麵）

地址：103台北市大同區涼州街1-5號

營業時間：06:00-14:00，週一休

電話：0953-860-928

切仔麵、擔仔麵，傻傻分不清

說真的，不細究真的從不曾區分過切仔麵與擔仔麵有何不同。
切仔和擔仔都是用笊籬「撖」出來的，
麵體要形如小山，半浮沉於湯。
究竟先有切仔才有擔仔，還是先有擔仔才有切仔？
這是個好問題，但不是個要緊的問題。
奇妙的是，切仔麵綴有瘦肉與油蔥酥，擔仔麵放一小撮肉臊，
兩者滋味就這麼天差地別起來。

以前每次到龍山寺拜拜，就一定順路去吃一碗古早味切仔麵。麵店在廣州街上，對面就是現在的剝皮寮歷史街區。它的切仔麵真是用笊籬「搣」出小山，半浮載於湯碗內，山頂綴著兩、三片白切瘦肉，抹過鹽放涼的瘦肉片。它的湯味道乾淨清鮮，油蔥酥微微探頭點綴些許香氣。可惜數年前收攤歇業。我始終不曾刪除店家的電話號碼，時不時就打過去問問是否要重出江湖。

幸好附近搬來老店一鑫鵝肉，味道差可比擬，也是小小碗切仔麵，雖沒有半浮沉的麵體，但沒少了兩片抹過鹽巴十分有滋味的瘦肉。後來發現，這兩家的高湯都用了禽類，就像高雄鄭家、台北賣麵炎都賣白斬雞，自然有雞高湯可用，而一鑫用的當然就是鵝肉鵝骨高湯。禽類脂肪比豬少，又是帶皮下鍋，釋出的膠質與脂肪滋味優雅。禽類的油脂色澤趨於金黃，豬油乳白，所以豬高湯若要清雅，就得多骨少肉，倘若用大量豬肉與豬雜熬湯，高湯就不會明亮清透，滋味就容易過於濃郁濁雜，也會過於偏甜，而不是清甘。

相較之下，鹹粥的高湯要求似乎沒這麼複雜。它的美好是一幫配料煮出來的，所以好吃的鹹粥如果少了魚鮮幫襯，就不可少了蔬菜、香菇的提攜，特別是香菇。以前母親在家煮鹹粥，是愛吃什麼放什麼，滿滿配料超過米的一半，這樣的鹹粥只需清水下鍋即可美味天成。感覺廚藝不精者，信筆一揮就能隻手遮天。

這樣講起來，好像鹹粥可以作弊，切仔麵就得有真功夫。切仔放油蔥酥、瘦肉片，擔仔加一撮肉臊在上面，取代了瘦肉片。到底切仔麵是擔仔麵的簡化版，還是，擔仔麵是切仔麵的進化版？想仔細比較兩者的特色，可以去凱紅鵝肉擔一次來兩碗。凱紅的擔仔不光有肉臊，還加了自製的XO醬。可以確定，凱紅的擔仔是擔仔麵的進化版。

我曾試過，用清燉土雞湯自製切仔麵，也曾用鹽焗雞滴出的原湯雞油，將清水變高湯下麵吃。兩者也都算得上懶中懶作弊料理，效果還真的不錯。不過，切仔麵很需要好的油蔥酥，用素油炸的味道就是不對，雞、鵝、豬油都好，但牛羊油氣味過重也不對。

但是，從煮牛肉麵這件事，倒是領悟了高湯的一個不敗法則：不能全是骨頭，也要有肉，但也不是全葷食，也要有點蔬菜，至於比例看個人喜好。牛肉麵的高湯需要用含骨髓的牛骨與肉一起燉煮，最好還要有一點牛筋，湯頭才會濃醇，若只用牛肉，肉香油香都有，卻會少一個味道的「厚」度。

自製米粉湯也是類似的道理。不論用什麼骨頭，全雞、鵝、鴨也好，禽類骨架子也行，最好帶一點皮，再與豬肉（不拘五花、三層、梅花、里脊），一點蔥薑，一點高麗菜（這是從高雄鄭家切仔麵偷學來的），有點搞工，但可以煮出一鍋好高湯慢慢用，也

切仔麵原則上不放肉臊，比擔仔麵簡樸。但如今切仔麵也多元化，加上XO醬提鮮，也有了可與擔仔麵比擬的好身價。（凱紅鵝肉擔仔麵）

是值得的。

小時候吃的麵只有台南滷麵一種，外婆煮的，逢年過節嫁娶請客時，一大鍋煮著油麵、海鮮、魚板、肉絲、高麗菜、紅蘿蔔絲、鮮筍絲……好像用不著驚動了不起的高湯，就這麼煮著煮著，就鮮美無比，還自然濃稠省了勾芡。

嘉義祖母家是米食主義，不吃麵，吃所有米類主食，白米飯之外，吃炒米粉、鹹湯圓湯、鹹糕。大概是因為自家有稻田，自產自銷很方便。

比起麵我更愛米粉，比起米粉我更愛米苔目。米苔目是最有趣的米食，可甜可鹹，比麵條柔軟卻可以一樣有彈性，比米粉有存在感卻可用同樣方法炮製。可惜在台北，據說米苔目製程較難，供應商不多，產量也不高，小吃店較少供應，反而類似產品粄條比較常見。

米苔目與粄條原料相同但製作方式不同。粄條將粉漿鋪平在容器裡蒸製，米苔目需要用「米篩目器」或「米苔目銼」壓製，這也是它名稱的由來，目指的是工具上的孔洞。一來米團要做成像麵糰扎實，二來要使出力氣才能將米糰透過篩目或挫目擠壓成條狀，比起粄條費工。

台北市信維市場米粉湯有米苔目，是搶手產品，老闆說，想多訂購也不可能，因為製造商產量只有這樣的規模。永樂米苔目也是我常光顧的地方，它主打米苔目，所以一定吃得到。台北要吃米苔目不太容易，但基隆竟是米苔目天堂。原來，基隆正濱漁港有個米苔目工坊，基隆的米苔目幾乎全出自這裡。工坊除了是製造廠，也是米苔目與黑白切小吃店，米苔目雖添加了玉米粉，但咕溜滑順，湯頭又是新鮮豬肉與內臟做成，清鮮好吃。據說林森北路知名米苔目店家想大批採購米苔目，但運送路途太過遙遠，被工坊老闆婉拒。如今林森北路的米苔目較粗，太過彈Q，反而不對我的口味。

至於經典的米粉湯，除了粉粗粉細的差別，我更在意米粉不要太Q，其實只要米的純度高一些就不容易Q，但米的成分越高就不能太細，因為不耐久煮，不能久煮就難吸飽那一大鍋清鮮無比的湯汁。好吃的米粉湯難覓。涼州街柴寮仔無名米粉湯是四號粗米粉，純度高必須選粗的，炕兩小時慢慢吸收豬大骨甘甜，單獨入口也滿嘴生香。

人生第一碗細米粉湯是東門羅媽媽煮的，在名揚千里之前，米粉和油豆腐沒炕入味是不開張的。細米粉不入味吃起來發澀，所以近年我都等到快十一點才上門光顧，就是為了等米粉吸飽高湯鼓漲起來，那才是一口米粉滿嘴湯的好吃。

賞味處

・一鑫鵝肉

地址：108台北市萬華區廣州街152巷8號
營業時間：10:30-18:00，週三休
電話： 02-2306-8838

・凱紅小吃店（鵝肉擔仔麵）

地址：104台北市中山區中原街127號
營業時間：17:00-22:00，週日、一休
電話：02-2586-4746

・阿婆麵店（北投市場）

地址：112台北市北投區新市街30號450攤（目前在北投中繼市場D棟美食區）
營業時間：07:30-13:30，週一、二休
電話：0933-153-502

・米苔目工坊

地址：202基隆市中正區中正路666號
營業時間：04:00-14:00

・鄭家切仔麵

地址：803高雄市鹽埕區新樂街201巷5號
營業時間：08:00-15:00
電話：07-561-0706

豬油大合奏——豬油飯、滷肉飯、豬油渣

祖母和外婆以前做菜要先煉豬油，早年還沒有冰箱，一次不能煉油過多，要算好一兩碗的用量，煉好後擺灶上一角，放涼凝為奶白固態的豬油不怕傾倒。

那時代煎蛋、煎粿、炒青菜都用豬油，

當然，吃白飯時來一小瓢淋上醬油拌一拌，最好再撒上一匙豬油渣，毫無廚藝的小童，也能瞬間炮製極上美味。

台中有一家主打消夜場的黑白切小攤，自開業以來豬油飯就是十塊錢，至今不變。雖然它的炸燒肉不對我的胃口，但為了豬油飯（真心不是為了十塊錢），我願意搭小黃去解饞。那豬油飯小小一碗，作為消夜解決肚子饞蟲絕無罪惡感。可是，實在太好吃，總忍不住再來一碗，末了再配一碗熱呼呼的十塊錢鹹粥，方得心滿意足。以麵聞名的賣麵炎其實豬油飯比麵好，米飯煮得鬆軟，適量豬油拌上醬油，單純美好，而且銅板價可以天天沒有負擔的享受。

每次吃豬油飯都會想起祖母。她一生吃豬油也不忌口五花、豬腳、蹄膀，高壽一百零五。我常以她為典範安慰自己豬油無罪，有罪的是四肢偷懶不勞動。除了不食豬的人，誰能否認豬油特別香？

其實有許多早餐店，尤其是涼麵、豆漿店，都是用豬油煎蛋。豬油煎蛋不必挑鍋子，不容易巴鍋，而且煎出來的荷包蛋焦酥的蕾絲裙邊除了油香，入口還有鮮腴甘潤的回味，只需淋上一咪咪醬油提味，吃一個根本不夠。煎粿也是，儘管用的油量很多，吃起來卻一點也沒有黏膩感，尤其如果煎的是單純無料的鹹粿，豬油就足以讓樸實的粿糕升級成振聾發聵的膏脂。

等到自己煉豬油才知道，好豬油難得。首先要買到好豬的肥肉，豬背油比五花肚腩油好，因為水分較少，脂肪結構緊實，煉得的豬油才會馨香。為了物色好豬肉，不要相信品牌，要自己買來試。煉豬油的副產物豬油渣如果質地鬆脆香美，那碗豬油也同樣美味。如果豬油渣入口泛腥或無味，那碗油風味也會相對差。

之所以自製豬油，一開始是為了取得衛生的豬油渣。幼年祖母、外婆煉油後豬油渣就是大家搶著一掃而光的零食，半點沒有炒菜的份額。豬油渣不但炒菜、炒豆類、炒麵、炒飯、滷麵都好吃，配白稀飯更是上乘好料，作用與滋味可與油條相比，也讓寡淡的清粥小菜多了豐潤滋養。

豬油渣很妙，完全毋須調味本身就味道十足，還能增添主食主菜的層次，萬用又好吃。台灣客家館子最懂豬油渣的好，文山區老頭家客家菜有一道老頭炒飯，只用了豬油渣、蘿蔔乾、蛋和蔥花，炒出來的飯油香四溢讓人連舌頭都會差點吞下肚。

以前中山堂老店隆記菜館用豬油渣手法最賊。我愛吃的炒蝦腰裡就有豬油渣的蹤跡，放的量還不少，只因色澤黑乎乎難以辨識。難怪那盤炒蝦腰甘潤迷人，吃完還濃香蕩氣迴腸久久不散。台北仁愛圓環旁的上海小吃店也有炒蝦腰，滋味完全不同，清清白白，雖說滋味也不錯，但少了豬油渣竟好像少了一世紀的底蘊。台中老字號沁園春的炒蝦腰也精簡豬油渣，真的是往事只能回味。

貌不驚人最是深藏不露。豬油飯
是台菜功夫至深的宗師級美食。
（台中萬家黑白切）

滷肉飯在我心中，其實是一種間接的豬油飯。好吃的滷肉飯應該只用皮油，尤其是選用豬頸部的皮油，因為這裡的肥肉質地韌實，不會因為久煮過度軟爛，反而保有咀嚼口感與形狀。販售滷肉飯的店家通常也供應炕肉，甚至豬腳與蹄膀，小店當然就是一鍋滷，於是碰運氣，滷肉飯也可能吃得到其他炕肉的五花或豬腳、蹄膀的筋肉瘦肉碎屑。

吃滷肉飯我是恪守無肥不歡的基本教義派，這是因為滷肉飯初誕生的年代，用的都是肥肉啊，所謂的瘦肉也幾乎是少許雜肉。

滷肉飯加不加香料，我不講究，只求香料千萬別太多，畢竟香料們全都是各具藥效的植物，有過敏體質者如我是能避則避。好的香料比例應該是入口稍微咀嚼後，那些香料氣息才慢慢竄上口鼻，不可才入口牙齒舌頭尚且未啟動時就已經流竄口鼻。台客燒肉粥的滷肉飯是香料派，但用得適量，算是我心目中氣味均衡的好吃滷肉飯。

另外一種間接的豬油飯就是「澆鹹」，這在南台灣很常見，在白飯淋上滷肉的肉臊汁，只要付白飯的錢，就能享用肉臊滷汁的好味道。不論是豬油淋在飯上再加醬油拌成豬油飯，或是豬皮油與醬油在鍋中熱熬融為一體後淋在飯上的滷肉飯，還是只淋上肉臊汁的「澆鹹」，都需要一碗軟硬適度粒粒分明又煮得珠圓玉潤的白飯為基底。

豬油因為沒有水分，飯粒裹上豬油與醬油的混合體，不會滲透到米粒內部影響白飯的口感。滷肉汁若是用足皮油水分少，自然濃稠黏滑，也不會滲透到飯粒影響彈性，而這樣的滷肉汁做成白飯「澆鹹」，當然也是美上加美。最忌諱滷肉汁水分過多、瘦肉比例大，煮再久也濃縮不好，淋在飯上如果是內用可能還好，外帶就完全把米粒泡爛，白白辜負一碗好飯。

滷肉飯被歸為小吃，實在委屈了。光是手工切肉、炒、滷、火侯，就應該和西式燉飯平起平坐。（台北My灶）

基隆起家的美華大腸圈賣的豬油飯堪稱北台灣的典範之一，只用了豬油和自家煮的醬油膏，竟然比它家聞名的大腸米還好吃，尤其放冷後還是噴香，讓人回味不已。那是台灣豬特有的甘潤甜味和滿溢的脂香，一定要小口小口單獨品味顆顆分明的飽滿米飯，千萬別分心去吃小菜，尤其謹慎別讓筷子沾染小菜的甜醬。

吃豬油飯有人喜歡加一顆蛋黃攪散拌飯，我不行，豬油飯只能是豬油與醬油，連胡椒粉都不可沾上我的米飯。而且，吃滷肉飯我是台南黨，一定要放香菜！要放香菜！不求多，太多也不行怕奪味，但就是要有；哪怕只有一兩片小葉子，都能給入口的滷肉飯滋味提升到另一個層次。對於不愛香菜的人，我只能說，您辛苦了，也遺憾了。

在台北吃滷肉飯，照例不會奉送香菜，好像香菜只能許配給麵線。沒有香菜，但有好吃的酸菜也就不遺憾。北投市場走淡口風格的黃家滷肉飯，酸菜煞是美味，入口緩緩釋放出自然酸香，讓純是皮油的滷肉飯竟越吃越開胃。

以豬油拌飯台灣稱豬油飯，香港稱豬油撈飯。香港美食家蔡瀾有一份《死前必食》名單，他說穀物以白米最美，一碗豬油撈飯可以讓人吃到感激涕零，如果不敢吃豬油，「那麼死吧，沒得救的。」言下之意是，不吃豬油生無可戀。

賞味處

· **萬家黑白切**

地址：404台中市北區光大街102號
營業時間：18:00-02:00，週日休
電話：0932-649-178

· **賣麵炎**

地址：103台北市大同區安西街106號
營業時間：07:00-14:30
電話：02-2557-7087

· **福泰飯桌**

地址：700台南市中西區民族路二段240號
營業時間：07:30-14:30，週六、日休
電話：06-228-6833

· **My灶**

地址：104台北市中山區松江路100巷9號
營業時間：11:30-14:00、17:30-21:30
電話：02-2522-2697

· **老頭家客家菜**

地址：116台北市文山區忠順街一段159號
營業時間：11:00-14:00、17:00-21:00，週三休
電話：02-2936-0678

· **美華大腸圈（南機場夜市）**

地址：100台北市中正區中華路二段307巷與305巷5弄的交叉口
營業時間：11:00-22:00，週一休、隔週加休週二

鹹粥的講究或不講究

黑白切是小菜，總要搭配主食提供飽足感。
黑白切煮的幾乎是全豬料理，
滾煮後的高湯渾然天成是一鍋上湯，
這鍋湯是各家大顯身手的祕笈，
也是鹹粥百家爭輝的基本功。

母親是台南人，娘家在赤崁樓對面大天后宮旁。婚後生了姐姐和我，兩年有餘才搬到台北。北漂後，寒暑假南返省親，自然早上起床是不做飯了，因為走出家門就有數不清的早餐可供選擇。

母親愛清粥小菜，也就是台南的飯桌仔。飯桌仔的飯菜十分澎湃，和坊間的自助餐店不同，店家會在你坐下時來點餐，「問」清楚我們要吃什麼魚、怎麼煮或蒸或煎、吃清粥還是地瓜粥還是鹹粥白飯肉臊飯、還要什麼小菜……回娘家的媽媽心情大好，常常點來一桌好料，但她從來不吃外面賣的鹹粥，即使台南的鹹粥多半是新鮮得不得了的虱目魚料理而成。

她說，「外面賣的鹹粥都不是糜，攏嘛𤆬出泔。」

母親認為做生意的小販為了節省時間，都不將米粒熬煮開花，慢慢熬出泔，甚至直接用白飯下高湯滾一下，所以許多老人家都稱這類的鹹粥是「飯湯」。母親說煮糜火不可小，小則米不香，而小販不可能專程顧著火候熬煮一鍋白粥。「飯湯不健康，又容易噎著。」母親十分堅持飯湯不可取。

豈料，這類市井鹹粥如今成了主流，也是台菜古早味的經典之一。現在，如果想吃「糜」，那請去廣東粥館子，也就是說，飯湯式鹹粥儼然自成一格的主食類別，與廣東粥熬至米粒開花甚至糊糜狀的那種，不可混為一談。

而已經自成一格的鹹粥，如果是在台南多半與魚鮮有關。這與飯桌仔賣的魚湯通常會丟一兩顆蛤蜊提鮮，道理差不多。但不獨台南如此，高雄、基隆、布袋、東石、金門……舉凡魚鮮取得便利的城鎮，鹹粥裡沒放一點實在過意不去。

在台北和台中，鹹粥以「肉粥」為大宗，有時是肉絲，有時是肉羹，通常裹粉氽煮，少數會裹以魚漿，因為魚漿價昂，所以大多數肉粥都以地瓜粉上漿讓肉質入口滑溜細嫩。

和滷肉飯不同，不論是鹹粥或肉粥，可變化的花樣可多了。

基隆正濱漁港日治時代是遠洋漁業的重鎮，也是台灣第一大魚貨交易市場，在這裡賣了五十多年的姨媽鹹粥，也有著堪與漁港身世匹配的特色。港邊小巷子內毫不起眼的鐵皮屋，屋裡屋外不過四張桌子，除了固定的在地熟客，主客群卻不是觀光客，而是不辭路途遙遠的外地回頭客，因為這裡的鹹粥獨樹一格，沒有大魚大肉，只用小魚乾和高麗菜，一點點油蔥酥，生米慢慢熬出汁，完全呈現減法美食的精神；高湯就是白切肉、豬皮煮成，但清雅不膩，不很甜不很鮮不很鹹，沒有哪個味道拔尖出頭，均衡舒服。在靠海吃海的基隆，素樸的鹹粥竟不輸給崁仔頂加了魚乾又加蝦米海味滿載的鹹粥。小魚

感謝台灣豬如此美味，鹹粥簡單
以肉湯、高麗菜、小魚乾，就能
造就出清雅細緻的滋味。

乾烹製鹹粥大概是基隆的特色之一，廟口夜市的鹹粥走得是清淡路線，湯清味鮮，除了小魚乾還多了我最愛的鮮筍絲，吃起來口口生香。

鹹粥不是佛跳牆，它既是主食，卻也是需要和小菜協調的配角，必須是個低調有包容性的領導者。

北部除基隆，多數鹹粥不放魚鮮，於是用香菇、豆皮、高麗菜、肉絲或肉羹或肉塊，甚至芋頭丁、白蘿蔔絲、筍絲……皆可任意組合。雙連捷運站附近曾有一家街角小攤，它的鹹粥以白蘿蔔為主，客人點餐一碗一碗用小鍋子煮。為求便捷，老闆事先將米粒煮成飯湯，如此一來，只要加入配料回鍋煮滾，一下子就有熱騰騰的鹹粥。可惜小攤多年前不知所蹤。

我愛的鹹粥最好有油條，但這是府城人行之有年的共識與執著，城外人士似乎覺得油條跟著杏仁茶或豆漿更匹配。沒有油條，我也希望鹹粥能有芹菜珠，不能是香菜，必須是芹菜珠，也不能加蔥花，那是廣東粥的風味。至於鹹粥裡有沒有放油蔥酥我個人沒有執念，只求不油膩便好。粥品終究是清雅的主食，有湯有菜有肉有飯，不管是否符合母親要的泔糜狀，我要的粥一定要夠燙。

然而溫度這件事到了鹹粥成大鍋煮的商業時代，有時可遇不可求。大鍋煮的鹹粥不宜大滾，也不宜久煮，原因是配料早已下鍋，滾煮太久味道全混雜在一起，而且有些配料不耐久煮，所以店家大致上是讓大鍋鹹粥文火溫溫熱著。

賣鹹粥的商家，通常不強調黑白切，而是主打台式炸物，炸鮮蚵、炸蝦仁、紅燒肉、炸花枝魷魚、炸豬肝……除了炸雞。也因此，鹹粥店的炸物種類越繁多，黑白切的種類相對簡樸，但炸物不只於肉，通常一定還有魚片、鮮蚵、蝦仁、魷魚、花枝，而且幾乎沒有例外一定有炸豆腐，也一定有紅燒（糟）肉。

良記粥舖炸蝦仁好吃，炸旗魚也不錯，味道簡單清淡，甜醬也不嗆不搶味，若不愛甜醬，沾點胡椒粉已足夠。大龍香菇肉粥最有名的小菜是炸豆腐，板豆腐本身品質好，炸得不油不膩，一口咬下又酥又嫩，滿嘴清純的豆腐香。它家除了肉粥還有蚵仔粥，兩種各來一碗，都吃半碗後再組裝成一碗；肉粥味濃，蚵仔粥清鮮，兩款鹹粥能吃出三種滋味，再搭配肉質緊實的炸蝦仁、自家做的雞肉，堪稱台灣前十大的早午餐。

鹹粥本身的味道通常都煮得簡單質樸，如果有炸物，不妨以炸物入粥，稍微浸泡，再同粥一起入口，不同的炸物可以將鹹粥變化出無窮盡的新滋味。

台中的小吃擅長油炸，而且以肉食為主。台客燒肉粥的鹹粥本身就捨常見的肉絲、肉羹，改放紅燒肉。它的鹹粥屬於少見的濃口風味，高麗菜、香菇、芋頭丁、油蔥酥樣樣俱全，又捨了肉絲、肉羹改放兩、三片紅燒肉；紅燒肉肥嫩酥香，兩、三片哪能滿足，一定要另點一份紅燒肉，泡著鹹粥用湯匙舀著一起入口，確保每一口都有粥有肉，一湯匙滿滿全是台味小吃自慢的精髓，太過癮了。

台灣的鹹粥看似日本雜炊，實則更講究湯頭有滋有味，米粒、配料各自為政又互助合作，和雜炊融為一體呈現濃郁感截然不同。飲食的喜好其實與緯度息息相關，鹹粥畢竟是屬於台灣特有氣候與物產的獨一好味道。

賞味處

· **良記燒肉雞捲粥舖**

地址：241新北市三重區重陽路三段5巷9號
營業時間：05:00-14:00，週一休
電話：0938-088-692

· **大龍香菇肉粥**

地址：103台北市大同區重慶北路三段307號
營業時間：週二至五06:00-13:00、17:00-20:00；週六、日06:00-13:00，週一休
電話：無（可以臉書聯繫）

· **台客燒肉粥**

地址：408台中市南屯區五權西路二段722-1號
營業時間：11:30-00:00，每月第四週的週二、三休
電話：04-2389-0880

· **無名黑白切**

地址：408台中市中區公園路63號
營業時間：24小時

· **姨媽的鹹粥**

地址：202基隆市中正區中正路393巷22號
營業時間：05:00-12:00，週二休

· **基隆廟口42攤—鹹粥**

地址：200基隆市仁愛區仁三路42號攤位
營業時間：24小時，每兩週的週三、四休

吃豬肉先看豬走路——為好肉把關的抓豬人

有一種職人身涉豬肉產業，卻是「文」身，不配刀也不必叫賣吆喝。他們是抓豬人，工作地點是豬肉產業裡最潔淨的辦公室——拍賣場。抓豬人上班時間很短，兩小時而已，買進賣出賺取差額，跟買賣股票差不多，不同的是，他們要有獨到的眼光，見到活體豬就能看穿牠身上的肉是不是夠美味。抓豬人的故事，比說書人講的還要更加精采動人。

抓豬人的工作說出來很是讓人羨慕，用最短的工時賺取最多的工資，毋須勞力，但必須有高人一等的透視眼，可以短短半秒之間精準看對最好的豬隻下標離手。「早期經驗少，拍完豬還必須去捏一下確定肉質夠不夠緊實，現在不必，用看就知道好壞。」

豬隻一一走進拍賣場的「星光大道」，屁顛屁顛搖著豬尾巴，抓豬人看牠走動時身上的肉，特別是臀部，是東搖西晃還是緊緻扎實，就能十拿九穩這頭豬是不是虛胖，還是已經夠「熟」，彈性很足。原則上，豬要大才好，但也有養豬戶專養小型豬，小型豬往往肌肉脂肪含量低，「拍賣場並沒有規定太小隻或養不大的豬不能來交易。」

「但是乳豬不必進拍賣場交易。」原來茶樓裡的脆皮乳豬是個體戶。

林老闆是資深抓豬人，委託人要求大而肥的豬，公母不拘，必須一百五十公斤以上。一九八一年剛開始入行是在故鄉雲林，因為三叔和兄長都做這一行。六年後兄長車禍，由他接手。老家原本就是傳統養豬戶，規模不大不小有十多頭，所以很早就熟悉販售豬隻的業務。入行前也短暫做過兩份工作，後來專心抓豬，也是因為與批發商固定合作，算是很穩定的工作。

「三叔早年在大龍峒當抓豬人，那個年代只有行口，沒有拍賣場的機制。行口就是大家喊價。」大龍峒往昔俗稱豬屠口，當地人至今仍維持這個稱呼。

抓豬人相當於承銷人，以前沒有電腦系統，必須手寫標價單，所以可以拍完豬後反悔不要，現在可不行，一切資訊進了電腦就沒有後路可退。這表示在數位時代，抓豬人要具備更精準的透視眼與洞察力。

那麼扮頭不佳的豬無人聞問，下場如何？

「不管怎樣，每頭豬都一定有人標走，取決於價格，就連配種公豬都有人買。」果真天下沒有賣不掉的豬，只有賣不掉的價錢。

據說有些肉商專買這類瀕臨淘汰的豬，而即使是淘汰豬，母豬還是貴一些，公豬才會便宜。這類豬成本低，最受加工品廠商青睞。也因此豬販、抓豬人都告誡我，不要隨便買肉鬆、香腸。

有別於一般人的想像，豬隻並沒有公定標售價，而且每個拍賣場標到的價格也都不一樣，自然銷售到每個大盤商、零售商手上，價錢都有差異。

「即使是在當天拍賣時，前中後段不同時間標到的豬價都不一樣，因為想競標的人會一直加價追高。」沒有底價，大家依據前一天的拍價，逢年過節很容易就把價格越拍越高。會不會大家聯手壟斷？「不會，因為是競爭標價，大家都想買到最好的豬。」即

使多年下來拍賣場上都是熟面孔，宛如老朋友聚會，也不可能聯合互通有無。

他每天進拍賣場的時間是十一至十二點，週一雖然禁屠但不禁拍賣豬隻，電宰場的公休是週日。林老闆上班的地點在桃園市肉品市場，這個拍賣場每日至少交易兩千頭豬。週一和週五上班的時間會提早，因為拍豬量比較大。肉品市場類似公家單位，是桃園市農會投資硬體設備成立的。

抓豬人眼中的好豬，必須「扮頭」好，腳短身體圓潤，體型如河馬，這樣的豬切出來的三層肉也比較厚。至於台灣人鍾愛的黑毛豬，「有兩種，一種是百分之百吃餿水長大的黑毛豬，另一種是黑毛品種，吃飼料長大的。」林老闆說，這兩種豬外觀形狀長得不一樣，不需要標明就能一眼看出來。

「吃餿水長大的黑毛豬肚子比較大，但肉比較好吃。」不是肥不肥的問題，是肉質嫩不嫩。至於同樣是吃飼料的豬，「不論黑毛或白毛，肉質吃起來沒有差異。」所以好吃才是王道，跟膚色沒有關係。餿水豬的專業稱呼是「土黑」，有別於飼料黑毛豬的「黑」。

拍賣場上還有一種職人，他們是負責給豬出場前沖水、拿電棒維持豬隻行走秩序的趕豬人。

「外界以為用電棒趕豬很不人道，但豬畢竟是豬，而且膽小，上場會緊張亂跑，也是很危險的。」豬非常膽小，星光大道上時有所聞，因為上場亮相緊張過度當場昏死過去的狀況。這種猝死豬必須立刻拖出場在斷氣前放血，否則駐場的疾檢局會直接拖去焚化銷毀做成肥料，而養豬場分文都拿不回來，損失很大。

拍好的豬，拍賣場會先給豬蓋上號碼，號碼也會相應列印在標單上，這樣還能保障載豬人不可能載錯豬。這個號碼代表養豬場或養豬戶，每天進場前大家抽籤決定。標單上還會註明養豬場，這個訊息對抓豬人很重要，「有些人會專門下標買特定養豬場的豬。」還有各大農會出品的豬也是搶手貨，而每天進場的農會都不相同，這也意謂我們餐桌上吃到的豬肉其實滋味天天有變化。

為了屠體肉質美觀健康著想，在前往拍賣場前豬隻要禁食，不吃不喝，尤其如果飲水過多，肉塊會呈現乳白色，雖然口感味道沒有變差，但肉商普遍不喜歡，因為影響賣相，消費者會以為豬肉不夠新鮮紅潤。

拍好的豬有專人給豬耳朵做記號，再進行集中分類，之後才交給各個載豬人。在禁絕美國豬的十九年裡，平均每日桃園拍賣場大約交易三千五百頭豬，如今雖然豬價漲了，但交易量卻下滑倒兩千頭上下，林老闆唏噓的說，「因為豬價在南部比較便宜，所以很多肉商都跑到南部拍賣場買豬。」

現在的豬價相當好，大約每公斤一百元，土黑是一百一十元。想當年口蹄疫時真的很慘，豬價跌到個位數，「還沒有人要！」口蹄疫也重創了台灣外銷日本的豬肉產業，如今許多養豬場念茲在茲的宏圖都是重返東洋肉品市場。

抓豬人的委託人是肉商，肉商會自己找配合的載豬人，在這個行業裡三方合作全憑口頭約定，「有今天沒明天，」林老闆做了這樣的註解。但他也開心的說，抓豬比載豬輕鬆，「載豬不但要開車，還要把豬趕上車、把電宰後的屠體一匹匹揹上貨車。」平均每頭豬都超過百來公斤，一分為二的屠體也相等於成年人的體重，是重活兒，既然是重活兒就表示必須年輕力壯才扛得動。

抓豬人賺取固定的拍豬手續費，一頭豬約莫幾十元，再來是配合肉商吸收載豬人的車資、屠體分切費用。手續費也並非公定價，由抓豬人與肉商協議，林老闆說他從沒漲過價，「哥哥傳授下來時就是這樣的定價原則，如果肉商要抓的豬少，手續費就稍微貴一點而已。」

抓豬人只能休週日，也就是跟著拍賣場、電宰場休假。這幾年林老闆的孩子都成年，他才開始找代理人，「這樣也才能有時間出國旅遊度假。」以前除了休週日，還只休初二、十六，現在公休日多了兩天，十九、二十四也能休息。「台灣的連假通常會遇到拜拜日，根本不敢肖想有長假可放。」

抓豬下標有如人生考驗，有時會想，「後面的豬更好！」結果錯失良機買不到想要的豬，肉商雖不至於抱怨，但如果拍到的豬真的太差，自己會過意不去。

後面的豬更好，總是盼望，也會失望，但人生周而復始，總改不掉這習性，畢竟懷抱希望，也才能燃起下一波拚搏的動力。

抓豬人如此，養豬人也如此。只有吃豬人如我，吃到每一口肉都覺得此生足矣。而這此生足矣，得來不易，不細究真的不知道。

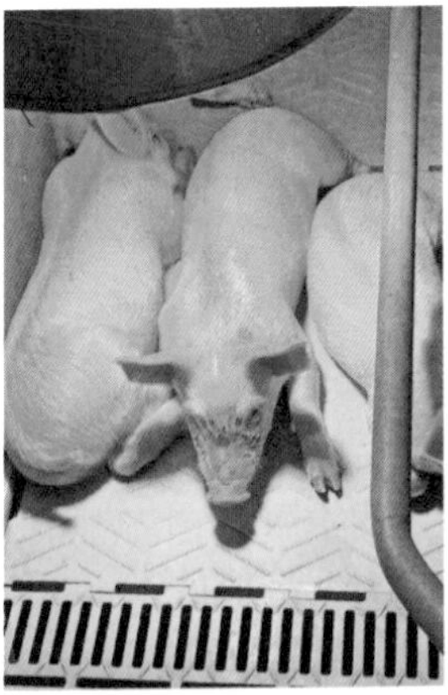

大盤肉販的豬事會社——分解豬職人

將屠體一分為六，工資大約兩百元，剁頭一顆四十元。
都是不得了的體力活兒。眼見師傅們紛紛上工，
場內小吃店自動按時送上提神飲品，
大家各自默默專注於手上的工作，
毋須交談也省略了眼神交流，
畢竟，論件計酬的工作最講求時間效率。

午夜十二點，環南市場燈火通明。最早上工的是二樓獸肉區和早餐店。有些大盤豬肉商已開工一段時間，攤上掛滿分切好的豬肉。再過不到半小時，整個獸肉區就熱鬧沸騰，人聲剁刀聲熙攘交錯，之所以上工時間錯開，純粹取決於載豬人抵達的時間差。

誰是載豬人？載豬人是負責從拍賣場，將買家標到的豬隻載送到電宰場處理的職人。他的工作很辛苦，司機兼送貨，拍賣後要載送豬隻到屠宰場，電宰後要負責將剖半的豬隻分送到買家的市場攤位。電宰後的屠體，沒錯，載豬人是一匹匹揹上貨車，掛好。掛鉤下勾的位置就在後腿俗稱的老鼠肉這裡。原本老鼠肉的形狀是圓鼓鼓的，就是因為勾著屠體一路顛簸，被拉長變形，才成了零售市場上的老鼠狀。拉扯過後是否也順勢改變了肉質纖維，不得而知，但可以確定細嫩的老鼠肉很搶手。

奇的是，市場裡不見鼠輩身影，是因為作息不同，還是剁刀聲太響亮驚駭？午夜十二點還太早，年輕老闆阿源要一點半才上班。我在市場裡一條一條攤道仔細看著，原來，靠牆邊有一整排小吃店，中式台式西式俱全，可惜時間仍早，很多店家連備餐工作都尚未展開。

牆角竟有一台義式咖啡機，老闆娘正烤著吐司。四十元換得一杯熱騰騰濃縮。這時還不懂得四十元在環南市場的另一種意義。

阿源退伍後進了餐飲業廚房學技術，後來到舅媽的大盤肉商攤幫忙，從此往後成為肉豬食物鏈關鍵的一員，手執剁刀主宰豬肉料理的形式樣貌。比阿源提早上工的是三位剁骨職人，一位師傅領著兩名小鮮肉徒弟。

豬隻進了屠宰場，出來時成了一分爲二的屠體，到了批發市場，再由剁骨師傅分切成六大塊，怎麼分切有一定的路數，主要根據下游買家的要求而定。剁骨師傅完成分割大任後速速離開，前往下一攤繼續工作。他們如吟遊詩人穿梭在市場內提供單一專業服務。這類職人還有剁頭師傅，自備利刀，同樣身強體健刀起刀落乾淨俐落，「你看，我的兩把刀，一把已經剁成小刀。」綁著小辮子的師傅將兩把刀並排，兩把刀都飽經歲月摧殘，終有一日鐵杵都會磨成針。

將屠體一分為六，工資大約兩百元，剁頭一顆四十元。都是不得了的體力活兒。眼見師傅們紛紛上工，場內小吃店自動按時送上提神飲品，大家各自默默專注於手上的工作，毋須交談也省略了眼神交流，畢竟，論件計酬的工作最講求時間效率。

每攤肉商一日進貨少則一兩頭豬，多則幾十頭。若逢年節數量一定加倍。那時這些「佩刀」高手可成了大紅人。平日可能每攤賺個三顆頭，年節一攤會多了十倍收入。

手上的濃縮咖啡已盡，四十元下肚，師傅還在攤上刀起刀落忙不停。

剁頭是把整片豬頭皮，連同耳朵、鼻管、舌頭統統卸下來。卸下的舌頭連著腮幫子兩塊肉，那是好吃的嘴邊肉，等一下還需細部分切修肉。連著耳朵與鼻管的豬頭皮，通常整副交給下游肉商，還有剩下的頭骨架子，包括上顎的天梯，也就是牙齦，也是整副交貨。

阿源待過餐廚業，刀法格外細膩，修肉非常仔細。認識他之後才發現，經常光顧的南門市場肉攤，就是他的大主顧。那個肉攤的五花肉肥瘦分布均勻，修整方正漂亮，梅花肉、後腿肉的瘦肉部分特別油潤好吃，原來是因為他指定的豬隻都要壯碩肥大，平均一百六十公斤以上，較之一般肉商的一百三十公斤多了許多肥膘。一般肉商覺得多的肥膘都必須剔除，不划算，但阿源說，豬越肥瘦肉脂肪含量也越高，當然更好吃。

今天攤上有一頭特大號巨豬，一百九十幾公斤。阿源笑稱，大概是牧場主人一直捨不得才留到現在。全球穀物大漲，飼料與人事成本節節高升，牧場多半要從這個部分精打細算。現在台灣有許多科技化養豬牧場，飼料講究，除了傳統的玉米、大豆，還會加上乳酸菌、中藥、大蒜，提高豬隻健康。

剁頭師傅在攤子一頭忙著，阿源在另一頭開始修起肉，不僅修肉，還要拿噴槍燒豬毛。燒焦的豬毛黏在豬腳上，還得用刀刮乾淨。阿源剛入行時包辦所有分切粗細活兒，後來才逐漸分工出去給別人一起賺。說著說著來了另一位師傅，阿源說他是負責分切內臟的，因為不熟練粗工，所以找他做細工。

內臟師傅必須蹲在地面，從大水桶裡撈起大小腸、豬肺、豬心、氣管和一些黏膩膩的臟器，去除不能食用的筋膜，太長的切短，留有殘汙瘀血的搓洗乾淨，務必要弄得清爽。豬腰不光在餐桌上地位矜貴，在肉商這裡同樣有著非凡的身分，它自有專屬容器，泡在潔淨的水中，毋須分切即可交貨。

剁頭師傅完成阿源交代的工作後，一溜煙遊走到別攤，不一會兒又返回阿源隔壁的肉攤。這一攤主攻豬頭，攤上擺滿了豬頭，還來不及數，群聚而來的師傅三、五個已經剁聲連連，在木砧板排起「工業泰勒化」生產線，一顆頭一顆頭節奏分明有致，一分鐘就能處理好六、七頭。

我暗暗算了算獸肉區，約莫二十多攤豬肉商，而載豬人的手推車還陸陸續續不斷推進推出。這大台北地區一日所需豬肉量十分驚人。根據農委會統計，光是二〇〇〇年全台屠消費豬隻數已經逼近八百八十萬頭，如果換算成豬隻身長，足足可以環繞台灣島一圈。二〇二一年是另一回事，因為政府拍板放行美國豬進口。

然而這還不夠吃，台灣每年仍大批進口食用豬肉與內臟，尤其豬腸消費量極大。養豬合作社聯合社曾公布，台灣人平均每人每年吃掉三十六公斤多的豬肉。換算下來那是每月吃三公斤，細想，好像很合理，每天吃兩塊炕肉就達標了。

溫體肉是不是迷思？很難講。但有一件事是肉販的共識。動物死亡後，因為血液循環停止，體內呈現缺氧狀態，於是貯存在肌肉內的肝醣會分解，進而產生乳酸堆積在肌肉組織裡，形成酸性環境，這會讓肌肉的膠原蛋白裂解成蛋白質碎片，因此原本組織內的水分就會滲出，導致肉質逐漸變硬，也就是僵直化。僵直現象通常會在動物死亡後十二小時開始出現，二十四小時達到上限。僵直化確實會影響肉質口感。這也是主打早餐的黑白切比較好吃的原因之一。

以桃園拍賣場的作業來說，抓豬人午前進場，大約一個半小時後拍賣結束，載豬人將豬隻分送到北部各個電宰場，所有宰殺約在晚上九點陸續完成，載豬人開始進行配送，環南市場的配送時間從午夜十二點開始，而大盤肉商的分切工作都會在隔日凌晨五、六點完成。有些零售商為了掌握豬隻肉質，甚至自己抓豬，也縮短了分切時間。

阿源邊講解邊工作，手和嘴巴都沒停。終於來到豬隻下半身，他拿來兩排背脊五花肉，「母豬這裡沒有瘦肉，公豬才有。」原來如此，公豬的五花肉多了一層瘦肉，這是零售商不會說的祕密。既然提到性別，母豬比較好吃嗎？「不會，公豬肉質更好。」當然，這裡說的是閹豬。

環南市場二樓獸肉區最大宗的肉商是豬肉，這裡也有牛、羊肉商，各有各的生態，也有不同的屠宰日與公休。

凌晨三點，整座市場突然沸騰了起來，一樓熟食區也燈火通明，進進出出的人潮漸多，大家動作都很迅速，這裡是大盤批發商集散地，沒有閒人來逛市場，除了我。

平時現下是熬夜寫稿的時段，而同時間是一大群職人例行上班時間。雖然他們的工時比一般上班族短，但同樣不輕鬆，都是在各自努力過著生活。

走過這群職人的工作流程，這才有來到餐桌的黑白切呢。

豬事流程表

飼養
▼
活體拍賣
▼
屠宰
▼
運送
▼
分切修整
▼
銷售

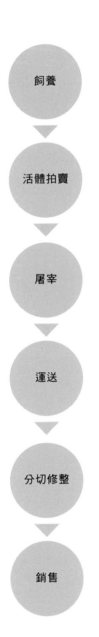

後記

味失求諸野，市井裡的傳統飲食倫理

小吃職人和我的阿嬤同樣會凋零。
我必須離家外求古早飲食傳統，
但也面臨一家又一家消失的惆悵。
終有一日，我們都得自己設法復刻出心中的古早味……

小吃職人是昔時阿嬤、阿姨、姑姑、母親的原型。當阿嬤們仙逝，阿姨、姑姑、母親們體衰老邁，兒時記憶裡的家常菜也跟著凋零。於是穿街走巷尋尋覓覓，帶著自己的內心小孩重回時光隧道，拼圖重組記憶中的古早味，唯恐自己也即將記憶斷線。

古早味皆純樸，但食物絕對新鮮。它們都是在被需求的時候才成為食物，而非預先被製成食物，守候在冷藏設備裡等待被食用。現代化閹割了人類與土地的親密關係，食物變成大量生產的商品，被誇大行銷，強調裝飾氛圍，很容易背離原該回到鮮食美味的原點上，尤其，還包括謹守不輕易浪費的惜物本分。

台灣黑白切最能體現這樣的飲食倫理。

我的父輩母輩生長於大量手工生產的農業時代，頻繁在家烹製飲食，甚至畜養雞、鴨、鵝、豬、種菜、植果，自給自足。我出生於農業騰空躍進資本商業時代，幸運的還傳承了少許自給自足的鍛鍊，直到十歲之後台灣經濟起飛，外食蓬勃，才逐漸走出廚房，嚐鮮體驗到阿嬤、阿姨與母親家族傳統味道以外的食物。

外食如驚喜冒險，但人終究難抵鄉愁。最難忘的家鄉味未必最美味，但一定最療癒。

東門市場附近舊家巷口有一甜不辣攤車，攤主年輕時在附近米行工作，負責外送。

那時代沒有袋裝米，客戶要買多少，米行秤斤後以布袋盛裝扛到你家，直接倒入住家的米桶。小時候家裡的米就是他負責外送的。後來攤主娶了巷口刨冰攤老闆的千金，繼承了攤車改賣甜不辣。那是我從小吃到老的甜不辣，攤主從年輕看著我長出了白頭髮。推薦給別人，有人覺得好吃有人不認同，但無損於我心目中甜不辣第一名的地位，純粹的柴魚高湯，沒半點油花，自家工廠出品的每一款甜不辣形狀各異，代表魚漿原料不同，口感殊異滋味對比。

現在二十多歲的年輕人，和他們上一輩都成長於資本世界，都可以完全遠庖廚。同樣吃著市井小吃，他們是獵奇嚐鮮，而我們戰後嬰兒潮吃的是「味失求諸野」的感懷。

小吃職人和我的阿嬤同樣會凋零。我必須離家外求古早飲食傳統，也面臨一家又一家消失的惆悵。

終有一日，我們都得自己設法復刻出心中的古早味，惟願那一天慢點到來，最好永無到來之時。

基隆

- 基隆廟口42攤─鹹粥

  地址：200基隆市仁愛區仁三路42號攤位

  營業時間：24小時，每兩週的週三、四休

- 基隆孝三路豬肝腸（純外帶）

  地址：200基隆市仁愛區孝三路65巷口

  營業時間：08:00-16:00，週一、四休

  電話：02-2428-3630

- 孝三路大腸圈

  地址：200基隆孝三路99巷3號

  營業時間：10:00-17:30，週一休

  電話：02-2428-0579

- 米苔目工坊

  地址：202基隆市中正區中正路666號

  營業時間：04:00-14:00

- 姨媽的鹹粥

  地址：202基隆市中正區中正路393巷22號

  營業時間：05:00-12:00，週二休

台北

- 羅媽媽米粉湯

  地址：100台北市中正區信義路二段87號（東門市場新館17號）

  營業時間：07:00-15:00，週一休

  電話：0937-973-798

- 美華大腸圈（南機場夜市）

  地址：100台北市中正區中華路二段307巷與305巷5弄的交叉口

  營業時間：11:00-22:00，週一休、隔週加休週二

  電話：0987-860-111

- 亞蘭德倫小吃

  地址：100台北市中正區信陽街6-3號

  營業時間：10:00-14:00、16:00-20:00，週六休

  電話：02-2331-7977

・涼州街米粉湯（無名涼麵）

地址：103台北市大同區涼州街1-5號

營業時間：06:00-14:00，週一休

電話：0953-860-928

・永樂米苔目

地址：103台北市大同區民樂街111號

營業時間：07:00-16:00

電話：02-2553-2020

・賣麵炎

地址：103台北市大同區安西街106號

營業時間：07:00-14:30

電話：02-2557-7087

・阿蕊自助餐（現改名為阿清自助餐）

地址：103台北市大同區昌吉街108號

營業時間：10:30-14:00、16:30-19:00，週日休

・正宗阿角紅燒肉劉美麗

地址：103台北市大同區延平北路二段247巷2號前（太平市場）

營業時間：08:00-12:00，週一休

電話：0981-123-034

・大稻埕米粉湯

地址：103台北市大同區重慶北路一段26巷15號

營業時間：08:30-15:30，週日休

・黃記四神湯（慈聖宮）

地址：103台北市大同區保安街49巷

營業時間：09:30-16:00

電話：0922-042-742

・江家原汁排骨湯（慈聖宮）

地址：103台北市大同區保安街49巷17號前

營業時間：10:00-16:00

・雄嘉義雞肉飯（延三夜市）

地址：103台北市大同區延平北路三段61-1號

營業時間：16:00-22:00

電話：02-2594-8078

- 許記麵攤

  地址：103台北市大同區雙連街38號

  營業時間：05:00-13:30，週一休

  電話：0925-270-828

- 企鵝文肉羹店

  地址：103台北市大同區民生西路59號

  營業時間：06:30-21:30；週一06:30-14:00

  電話：02-2557-0354

- 紅昌吉豬血湯

  地址：103台北市大同區昌吉街46號

  營業時間：11:00-21:00

  電話：02-2596-1640

- 大龍香菇肉粥

  地址：103台北市大同區重慶北路三段307號

  營業時間：週二至五06:00-13:00、17:00-20:00；週六、日06:00-13:00，週一休

  電話：無（可以臉書聯繫）

- My灶

  地址：104台北市中山區松江路100巷9號

  營業時間：11:30-14:00、17:30-21:30

  電話：02-2522-2697

- 凱紅小吃店（鵝肉擔仔麵）

  地址：104台北市中山區中原街127號

  營業時間：17:00-22:00，週日、一休

  電話：02-2586-4746

- 信維市場米粉湯

  地址：106台北市大安區信義路四段60-19號

  營業時間：08:30-17:00；週六08:30-15:00，週日休

  電話：02-2701-4917

- 周記切仔麵

  地址：106台北市大安區復興南路一段267號

  營業時間：11:00-22:00，週一休

  電話：02-2703-5669

・上海小吃館

地址：106台北市大安區仁愛路四段71巷14號

營業時間：11:00-14:30、17:00-20:30，週日休

電話：02-2741-6260

・一鑫鵝肉

地址：108台北市萬華區廣州街152巷8號

營業時間：10:30-18:00，週三休

電話：02-2306-8838

・黃家酸菜滷肉飯（北投市場）

地址：112台北市北投區磺港路33號410攤（目前在北投中繼市場D棟美食區）

營業時間：06:30-13:30，週一休

・阿婆麵店（北投市場）

地址：112台北市北投區新市街30號450攤（目前在北投中繼市場D棟美食區）

營業時間：07:30-13:30，周一、二休

電話：0933-153-502

・廖家祖傳秘方紅糟（廖弘義）

景美早市地址：116台北市文山區景美街86號（景美國小斜對面公有市場內119號對面）

營業時間：週二、四、六、日08：00～13：00

新店黃昏地址：231新北市新店區民族路87號（大豐國小斜對面公車站牌內，中藥房前騎樓）營業時間：週三、五、六14：30～18：30 電話：0936-094-080

・老頭家客家菜

地址：116台北市文山區忠順街一段159號

營業時間：11:00-14:00、17:00-21:00，週三休

電話：02-2936-0678

・石碇頭骨肉老店

地址：223新北市石碇區靜安路一段20號

營業時間：週二、三、四、六 08:00-19:30，週五、日08:00-16:00，週一休

電話：0970-262-267

・勇伯米粉湯

地址：231新北市新店區光明街57號

營業時間：09:00-19:00，週一休

電話：02-2912-3478

・良記燒肉雞捲粥舖

地址：241新北市三重區重陽路三段5巷9號

營業時間：05:00-14:00，週一休

電話：0938-088-692

台中

・李海滷肉飯

地址：400台中市三民路二段85號98攤位（台中第二市場內）

營業時間：16:00-03:00，週三休

電話：04-2226-0180

・Hello Vietnam河內美食成功店

地址：400台中市中區成功路92號

營業時間：11:00-20:30

電話：04-2221-1595

・老王客家庄

地址：403台中市西區五權五街73號

營業時間：11:30-13:30、17:30-19:30，週三休

電話：04-2371-4812

・萬家黑白切

地址：404台中市北區光大街102號

營業時間：18:00-02:00，週日休

電話：0932-649-178

・好小子鵝肉擔仔麵

地址：407台中市西屯區大墩路971號

營業時間：11:00-01:00，週二休

電話：04-2327-0449

・台客燒肉粥

地址：408台中市南屯區五權西路二段722-1號

營業時間：11:30-00:00，每月第四週的週二、三休

電話：04-2389-0880

・無名黑白切

地址：408台中市中區公園路63號

營業時間：24小時

彰化

・阿章爌肉飯

地址：500彰化縣彰化市南郭路一段6號

營業時間：11:00-13:00、16:30-00:30

電話：04-727-1500

・阿泉爌肉飯

地址：500彰化縣彰化市成功路216號

營業時間：07:00-13:30

電話：04-728-1979

・阿三肉圓

地址：500彰化縣彰化市三民路242號

營業時間：10:30-19:00，週一休、隔週加休週二

電話：04-724-0095

嘉義

・菜鴨滷熟肉（源滷肉飯）

地址：600嘉義市東區朝陽街95號

營業時間：06:00-13:00

電話：05-278-9797

・黑人魯熟肉

地址：600嘉義市東區共和路84號

營業時間：14:00-17:00，週一休

電話：05-225-6661

・大同雞肉飯

地址：600嘉義市西區仁愛路191號

營業時間：06:00-15:30

電話：05-285-7230

・嘉義梅山阿美粉豬肺

地址：603嘉義縣梅山鄉社教路76號

營業時間：08:00-11:00

台南

・水仙宮米糕

地址：700台南市中西區民權路三段44號

營業時間：16:00-00:30，每月不固定休三日

電話：06-220-2407

・聖記軟骨飯

地址：700台南市中西區民生路二段110號

營業時間：11:00-21:00，週日休

電話：06-226-7379

・福泰飯桌仔

地址：700台南市中西區民族路二段240號

營業時間：07:30-14:30，週六、日休

電話：06-228-6833

・清子香腸熟肉

地址：700台南市中西區民族路二段248號

營業時間：11:00-20:00

・阿財點心香腸熟肉

地址：700台南市中西區友愛街206巷6號（康樂市場102號攤位）

營業時間：10:30-17:00

電話：06-224-6673

・芳仔香腸熟肉

地址：702台南市南區賢南街67號

營業時間：11:30-18:00，週一休

電話：06-265-2714

・阿龍香腸熟肉

地址：700台南市中西區保安路34號

營業時間：10:30-19:00，週一休

・阿明豬心冬粉

地址：700台南市中西區保安路72號

營業時間：17:00-00:00，隔週休日、一

電話：06-223-3741

- **國棟麵店**

  地址：702台南市南區國民路14號

  營業時間：06:00-22:30，週日休

  電話：06-288-1117

- **台南玉井老牛伯豬血豬肺粿專賣店**

  地址：714台南市玉井區中正路100巷30號

  營業時間：07:30-12:30，週二、三休

  電話：06-574-3521

高雄

- **阿進切仔麵**

  地址：803高雄市鹽埕區瀨南街148號

  營業時間：09:00-20:00，週一休

  電話：07-521-1028

- **鄭家切仔麵**

  地址：803高雄市鹽埕區新樂街201巷5號

  營業時間：08:00-15:00

  電話：07-561-0706

- **天下第一刀（大腸米）**

  地址：829高雄市湖內區中正路一段19號

  營業時間：11:00-18:00，週一休

* 編注：台灣小吃種類繁多，族繁不及備載，老闆經營都很有彈性，故休日常常不定（還有因應季節、年節、個人因素等），且近年因疫情之後，變動也多（偶有遇上停業），為了避免向隅，請務必先查詢一下。

台灣豬,黑白切：日以繼夜的庶民美食／傳士玲Ema Fu著. -- 初版. -- 臺北市： 大辣出版股份有限公司出版 : 大塊文化出版股份有限公司發行, 2023.09

面 ; 15×21 公分. -- (dala food ; 11)　ISBN 978-626-97470-4-7(平裝)

1.CST: 飲食風俗 2.CST: 小吃 3.CST: 臺灣

538.7833　112012121

Pork Delicacy, Taiwan Limited

Pork Delicacy, Taiwan Limited